競馬道OnLine Neo新書 005

## 競馬の最高戦略書

# 予想生産性を上げる人の取捨選択の技術

本島修司／坂上明大 著

競馬道OnLine編集部 編



主婦の友社

# はじめに

私の嫌いなもの。

右折で、待てない車。
気温の低い、冬の日。
マヨネーズ。

そして。
普段は見ない『予想ファクター』を、見ること。

競馬は、自分が得意とする分野を突き詰めて、毎週、見るポイントを変えないことで、打率（的中率）が安定する。

まずはそこを安定させたい。自分でコントロールできるからだ。

回収率は、「人気」という要素が絡んでくる。だから、後からついてくる。

結果的に良ければ、良い。それが回収率。自分でコントロールできない。

人気（他人の評価）を見ながら買うと失敗する。

いや、それ（人気）すらもファクターのひとつか。

ならば僕は、この時点でもう『人気』というファクターを捨てている。

逆に、このファクターを捨てない人もいるだろう。


今、ネットの中は、情報過多。

手のひらの上のスマホの中には、情報が氾濫している。

特に競馬の世界は、邪魔な情報が、まるで洪水のように溢れている。

おかげで、「普段は調教を見ない人がつい調教を見すぎて失敗」、「普段はコメントよりレース内容を重視する人がコメントに右往左往して撃沈」。こんな現象が起きている。

この失敗をなくそう。

それがテーマの一冊だ。


そのために、ある相棒とタッグを組む。

YouTuberだ。


競馬のYouTuber。

そう聞いて、どんなイメージを持つか。

煌びやか。流行。人気者。怪しい。胡散臭い。

そんなところか。


今回、登場するのは、怪しくも胡散臭くもないYouTuber。

坂上明大氏。

彼とタッグを組むことになった。

坂上さんは、正確にはYouTuberの活動に限らず「競馬クリエイター」として活躍中の、元・トラックマン。

競馬関連のクリエイター界隈では、最も真摯で、まっとうな仕事人として名高い。

5万人のチャンネル登録者数を誇る坂上さんのYouTubeチャンネル『競馬オタク』は、彼の聡明さと、知識の豊富さが凝縮されている。

今回は、そんな新時代の発信者と一緒に語り尽くす。

何を見るか。

そして、何を見ないか。

そんな競馬分析における「取捨選択の場面の数々」を。


**今、現代競馬分析の最前線では、検討するファクターの、捨て方のセンスが問われている。**

水分補給は、コップで一杯。
バケツで飲んだらお腹をこわす。
では、何を、コップ一杯飲むといいのか。
それがわかるようになる本だ。
『取捨選択の力』を吸収しよう。

2023年10月　本島修司

競馬の最高戦略書

# 予想生産性を上げる人の取捨選択の技術

目次

## 第6章　「新時代の血統、新しい種牡馬」見るべきポイント　147



## 第7章　「GIレース」見るべきポイント　171

# 第1章

# 「芝・ダート・雨」見るべきポイント

テーマ
1

# 芝の状態
# パンパン、荒れている

**本島修司**

## どこをどのように見るか

### 「荒れ方」の見極めが肝要

レースを見るにあたって「馬場」は重要。「パンパンか、荒れているか」。これだけで何秒も違ってくる。ひとくちに「荒れている」といってもいろいろな荒れ方がある。

「**外差し馬場**」という言葉がある。主に内目の馬場が掘り起こされて、外目の馬場がまだ良い状態なぶん、外を回った馬の差しが決まるといったことを指す。

確かに開催後半になると、こういう馬場はよくある。ただ、これに踊らされて「外差し馬場」の名のもとに、差し馬ばかり買うファンも出てくる。広い東京コースや京都コースで外差し馬場になっているのなら、極端な差しも届くだろう。ただ、コースの項目でも触れたいが、狭いコース、タイトな中山や、直線の短いローカルコース、小倉などで「ドンジリ大外一気」のような追い込みが決まることは少ない。

結局、中山だと外目を早め先頭くらいの馬が勝ったり、小倉だと内の馬場が悪くてもそのまま最短コースを逃げた馬が残ったり、前に行って内に切れ込んで、止まりかけたところがゴールだったりする。特に、脚力に秀でたオープン馬のレースならその傾向は強まる。

つまり10レースまでを見て、外からビュンビュン極端な差しが決まっているのを見ても「**メインも外枠の追い込み馬だ**」とは思わない方がいい。

2022年、関門橋S。小倉のオープン特別大将のダブルシャープの単複を買った。小倉コースをマスターしている浜中騎手が、荒れた馬場の中を3番手へ。直線の入り口では2番手で、逃げ馬の直後へ。内目は芝が荒れていたが、ほぼ無視。そのまま逃げ馬を交わして伸びたところがゴール。後続の外差しの馬たちはその後にゴール。名騎乗だった。
これは「こういう荒れ馬場」もあるという話。
パンパンか、荒れているか。当然、捨てない。重視した方がいい。

## 坂上明大
## どこをどのように見るか

### JRAの芝コースは感じている以上に変化が小さい

競馬ファンの間でもよく使われる「パンパン」や「荒れている」は実に感覚的な表現だが、仮にこれをクッション値を評価基準として考えてみよう。JRAのホームページにはクッション値は「競走馬が走行時に馬場に着地した際の反発力を数値化したもの」と書かれている。つまり、クッション値が高いと馬場の反発力の恩恵を受けやすく、低いと自身がより大きな推進力を生まなければならない。こう考えると、**パンパンの馬場ならスピード重視、荒れている馬場ならスタミナ重視**と分類ができそうで、同じ良馬場であっても細かい馬場評価が可能だ。

ではここで問いたいが、これらの馬場指標が競走結果にどれほどの影響を与えるか答えられるだろうか。

異常なクッション値やトラックバイアス、雨開催が続いた開催最終週など、極端な馬場状態であれば競走結果への影響は小さくないだろう。ただ、日本の競馬場、特にＪＲＡの芝コースには、寒暖差が激しい気候の中で安全に年中開催を行う、という非常に難易度の高い課題が与えられており、これをクリアするために徹底した馬場管理が行われている。そのため、近年の芝コースは開催が進んでも内目が極端に傷むことは少なくなり、稍重馬場であっても良馬場並みの時計が出ることも多くなった。**ＪＲＡの芝コースは私たちが感じている以上に変化が小さい**と認識するべきだろう。

含水率やクッション値などが公表されるようになり、以前よりも正確に馬場状態を把握することが可能になったことは事実だ。ただそれでも、競馬ファンが話題に出す馬場の話のほとんどは数レースの結果をもとにしたイメージにすぎない。そんな曖昧なものなら、ない方がいい。オッズと睨めっこをする方が収支は向上するだろう。

テーマ 2

# ダートの状態 砂の深さ浅さ

**本島修司**

## どこをどのように見るか

**砂の深さより、馬のタイプを見たい**

少し気にする。深さ・浅さ、というよりは、**中央ダートか交流ダートか**を気にする。一般論で見れば、中央の方が、特に東京コースあたりは砂が浅く、地方交流重賞は砂が深いと見る向きが多いだろう。中央場所でも、中山あたりは砂が深めでパワーが必要、という印象になる。

ただ、厳密には「砂の深さ」という点はあまり気にしない。むしろ馬の方を見る。『**中央ダートタイプの末脚の馬**』か『**先行してパワーで押し切る交流重賞タイプ**』か、という点を気にする。

砂の深さより、馬のタイプを見た方が、最終的に正しい見立てが多くなると思っている。

このあたりの見分けのポイントは、かなり微妙な見方も必要になるが、スピードに秀でているタイプはやはり交流重賞に向く。

血統的にはどうか。

例えば、シニスターミニスター産駒。どんな砂でも万能だが、パワーがある。深い砂が得意。テーオーケインズなど中央の王者を出せる血統だが「深い砂」とい視点で見ると地方交流でもけっこうやれる。２０２３年にはオンラインサロン『PENS』の中で、キングズソードという馬を早くから共有。「現役オープンの中で最高の気性の良さの持ち主」としていた。この馬も深い砂が得意。

中央重賞タイプと、交流重賞タイプ。その違い。それを最初に僕に見せてくれたのは、ノボトゥルーとノボジャックというコンビだった。2000年代初頭に走っていた。どちらも結果は出すが、本質的にはノボトゥルーが中央ダートの差し馬で、ノボジャックが先行力の交流重賞タイプだったと思っている。まだ駆け出しの競馬本書きだった、ノボの2頭が走っていたあの頃。それでも競馬分析の手法を確立しようとした日常が始まっていた。まだ何をしていいかもわからない。炭酸の抜けたコーラのような日々は、競馬の終わりの冬の中、まるで足元に咲いていた、揺れる泡立ち草だった。

**坂上明大**
## どこをどのように見るか

### 他の要素の方がレース結果に与える影響は大きい

ダートの砂の深さはＮＡＲでは競馬場ごとに異なるが、ＪＲＡでは９・０ｃｍに統一されているため特別気にする必要がない。消耗してくると粒子が細かくなり時計面に多少の影響を与えることもあるが、**レース結果を左右するほどの影響力はない**だろう。

そもそも、砂厚が変わるとどんな影響があるのだろうか。2022年3月に船橋競馬場の砂厚が10・0cmから12・0cmに変更するというアナウンスがあった。そこで、その前後1年間の1200m戦の勝ち時計の平均を比較してみたが、世間のイメージの通り、砂厚変更後の方が3秒以上も遅いという結果になった。つまり、**砂が深くなると時計がかかる**ようになる。もう少し丁寧に結論付けると、馬場の反発力が低くなることによってより多くの推進力を自身から生み出す必要があり、**相対的にパワーやスタミナが求められる**ようになる。それだけだ。

NARでは砂厚だけでなく、砂の産地も競馬場ごとに異なる。とはいえ、多少砂厚や砂質が変わろうが走法が大きく変化することはないだろうし、JRAでは1800mで強かった馬がNARでは1200mしか走れなくなるほどの適性変化もないだろう。それよりも、スタートから初角までの距離や直線の長さ、コーナー角などレース展開に大きな影響を与える要素は他に多数あり、レース結果への影響もそれらの方が間違いなく大きい。

そもそも、今回の馬場に向く馬をどのように見つけるのだろうか。砂質や砂厚に頭を悩ませる必要はない。

もちろん、海外のようにSand（砂）にSilt（泥）やClay（粘土）などを混ぜている場合は話が変わってくる。日本に輸入された北米のクラシックホースが短距離馬ばかり出すことには馬場の影響を強く感じる。

テーマ
3

# 芝→ダート替わりをどう見るか

## 本島修司 どこをどのように見るか

**「経験を積みながら適性が引き出される」のがダート**
**芝馬でも1回で諦めず、何回か出て「慣らす」のが良い**

芝は「**適性一発**」で答えが出る。ダートは「**経験を積んで**」適性が見えてくる。長く、こう説いてきた。ヴィクティファルス。パラレルヴィジョン。最近また流行っている。

しかし、芝からダート替わりとなると、ダートの経験を積んでいない状態で、芝馬がチャレンジしてくるようなパターンが多いだろう。そうであれば、あまり買うことはない。芝で頭打ちになった馬がたまにやるパターンだが、その多くが失敗してきた歴史がある。

パンサラッサや、アグネスデジタルのようなパターンはとてもまれだ。他にも、シーキングザダイヤやイーグルカフェなどもいたが、彼らは本質的にはダート馬だったと解釈している。クロフネ、アドマイヤドンまでいくとこれはもう、強すぎるダート馬が、芝から使われて、NHKマイルCや朝日杯も勝ってしまっていただけという解釈となる。

パンサラッサの名前も出たが、これ、アグネスデジタルのように、本当に二刀流なのだろうか。勝ったのはサウジのダート。このレースでは皐月賞馬のジオグリフもダートをこなした。サウジのダートが「ダート」といえるかどうか。かつてのタペタ(オールウェザー)のような例もある。芝馬のヴィクトワールピサがタペタのドバイを勝ったように。その後のパンサラッサのダートの成績に注目したい。僕は芝馬だと思っている。

ダートは「経験を積みながら適性が引き出される」から、芝馬でも、1回で諦めないで、何回か出て「慣らす」のがいい。2~3回目のダートから本格的なダート馬になったという事例もある。王者クラスだと、ベルシャザールがそうだった。イーグルカフェに似ていたパターン。オープン特別あたりを連戦する役者にもバティスティーニなどが「経験を積みながらダート馬になっていった」タイプ。

まとめる。

重視するか、しないかという視点だと**「重視すると即決できるファクター」**と答える。

## 坂上明大
## どこをどのように見るか

### 下級条件、中長距離、足元や馬体重がポイント

日本競馬では芝1600〜2500mを中心に大レースが存在し、中心となるカテゴリーで強い馬をつくろうとする生産・育成システムが確立している。となれば、芝160

0～2500mのカテゴリーが最も層が厚くレベルが高いことは当然の結果で、**芝替わりよりもダート替わりの方が成績が良い**ことは**カテゴリーレベルの差が大きく影響**しているといえるだろう。ダート替わりの馬の前走距離別成績で芝1600～2500mを使っていた馬の成績が相対的に良いこともそのためだ。

前走距離の他では、**下級条件の方が結果を出しやすい**点も重要。上級条件になればなるほどスペシャリストが集まっているため、いくら芝の方がカテゴリーレベルが高いとはいえ、好走のハードルはどんどん上がってしまう。

また、**今回の距離**にも要注意。ダート戦、特にマイル以下はワンペースのハイペース戦が多いため、芝の瞬発力勝負とは大きく異なるレース展開をこなす必要がある。そのため、ダート替わりでは**中長距離戦、特に1900m以上の長距離戦が最も好走確率の高い**距離カテゴリーとなっている。ちなみに、未勝利or1勝クラスのダ1900m以上のダート替わりは過去10年で単勝回収率125%の好成績だ。

馬体面では**足元や馬体重に注目**したい。芝では馬場の反発力をどれだけ推進力に変えられるかがスピードに大きく影響するが、ダートでは着地時のエネルギーを砂が吸収してꟷしまうため自らがどれだけの推進力を生めるかがスピードに直結する。そのため、柔軟性やクッション性に優位性のある馬はダートが向くとはいえず、反対に立ち繋で硬い走りをする馬はダート向きであることが多い。また、大型馬の方がダートでは有利であるという点も改めて覚えておきたい。

テーマ 4

# ダート↓芝替わりをどう見るか

本島修司

## どこをどのように見るか

### 希有な成功例もあるがほとんど上手くいかない

**ほとんど買うことがないパターンだ。**

芝実績がある馬がダート路線へ行っていたいわゆる「帰ってきた芝馬」なら気にするが、初の芝出走となるダート馬を買うことは、あまりない。よって、このパターンを「重視するか、捨てるか」となると、捨てる。

芝は適性一発、と前項で書いた通り、一発解答で結果を出す馬はいる。ただ、それはとても少ない。日本の競馬はダート馬も強くなってきたとはいえ、まだまだ『芝馬の国』であることは間違いない。だから「芝馬がダートへ変更」の方が上手くいくことが多い。上手くいくことが多いと書いていきなり前言撤回するようだが、ほとんど上手くいかない。「上手くいくことが多い」というのは「ダート馬が芝路線に参戦するよりは」ということ。ハッキリいって、どちらも上手くいかないことが多い。

ダート馬が芝に参戦するパターンで上手くいってよく覚えている希有な例の馬もいる。ショウナンカンプ。グラスワールド。このあたりは過去の好例。それから、あまり知られていない例では、ゼンノグッドウッドというエアジハード産駒がいた。6歳になって5年ぶりにデビュー戦、2戦目以来の芝へ参戦。3連勝して天皇賞・春にまで出てしまった。完全に「使い方を間違えていた系」の1頭。ただ、ずっと中央にいるのに「実は芝馬だったダート馬」は、この他にはあまり思いつかない。昨年、このパターンで「長くダートを走っていた実は芝馬」として、ヴェラアズールという大物が出たが、これには本当にみんながが驚いた。つまり、驚くくらいの確率でしか出ないということだ。

## 坂上明大
## どこをどのように見るか

### 芝替わりは軽視がセオリー

前項で触れた通り、日本競馬では芝1600～2500mを中心に大レースが存在し、中心となるカテゴリーで強い馬をつくろうとする生産・育成システムが確立している。その結果、芝よりもダートの方がカテゴリーレベルが低いことは否めず、**ダート替わりより芝替わりのハードルが高い**ことも明白だ。**芝替わりは軽視**するのがセオリーだろう。ちなみに、過去10年のダート替わりでの勝率は5・2%、芝替わりでの勝率は2・8%と2倍弱の開きがある。

ただ、2022年産世代から2～3歳ダート路線が整備され、JRA所属馬にも「羽田盃→東京ダービー→ジャパンダートクラシック」という大目標とするレースが誕生。これにより、ダート馬の生産にはこれまで以上に力が入り、ダートカテゴリー全体のレベルが底上げされることは間違いない。また、ここ10年の生産馬の多くが「北米血統3：欧州血統1」のような配合バランスだったため、現在の日本の種牡馬や繁殖牝馬の多くがダート競馬に強い北米血統を主体とした血統構成になっている点もダートカテゴリーの成長を後押ししてくれるだろう。芝のクラシックカテゴリーが最上位であることは今後も変わることはないだろうが、これまでと比較すると芝替わりで好走するケースは多くなりそうだ。

ちなみに、**芝替わりで好走しやすい距離は1500m以下の短距離戦**だ。ダート競馬は芝競馬と比較してハイペース戦が多く、特に芝1600m以上のレースでは中盤で緩いラップを刻むことが多いためレースの質が大きく異なる。それと比較すると1500m以下の短距離戦はダート戦と同じくスタートからゴールまでのスピード勝負になりやすいため、比較的好走しやすい距離カテゴリーといえるだろう。

テーマ 5

# 稍重馬場をどう見るか

本島修司

## どこをどのように見るか

**『見た目』＞『発表』＞『含水率』**

芝に雨が降ると、馬場の発表が変わっていく。近年は含水量も発表されるようになった。どこまでどう見るか。個人の判断材料が増えた。ひとつの目安にしてほしいのが、重視するのは『**見た目**』『**発表**』『**含水率**』という順番。特に先の2つ。実は含水率は見ないようにしている。見ることを否定しているのではなく、そこを見るより『見た目』が大事、ということ。合わせてJRAの従来の発表の仕方で、まだ『良馬場』なのか、ここで『稍重に切り替わるのか』を付け加えながら、馬場を見ている。

芝だと、見た目でドロを跳ね上げ始めたら『稍重』も『重馬場』だと思って扱うこともある。ダートだと、まず湿り具合で、砂が引き締まるから、それにより末脚タイプの馬が決まりやすくなっているのか、むしろ、上がりが速くなってきて前が止まらないのか、見極める。あまりにも自分が狙っている馬に合わないと思えば買うのをやめる、というのもありだと思う。

まとめよう。『見た目』はけっこう見る。『発表』も見る。『含水率』は深くは見ない。『稍重』と発表が出たら、けっこう〝気にして見ている〟という感じ。

重馬場巧者のカラテあたりが走る時に、ひと雨あったら「ラッキーだな」と思う程度だ。

## 坂上明大
## どこをどのように見るか

### 気にするだけ時間の無駄

良以外の馬場状態をまとめて「道悪」と表現することが多いが、その中でも**稍重の取り扱いは非常に難しい**。重・不良なら見た目にもわかるほど悪化していることがほとんどだが、稍重では良と違いがわからないことも多いだろう。それであれば、**気にするだけ時間の無駄**、というのが私の考えだ。

そもそも「良→稍重→重→不良」という馬場発表は日本が独自に区分した表現方法にすぎない。海外ではさらに細かく区分されることが多く、例えばイギリスの芝コースでは「Hard→Firm→Good to Firm→Good→Good to Soft→Soft→Heavy」の7段階に区分されている。

また、馬場状態区分の判断基準をＪＲＡのホームページで確認してみても、その判断基準は**非常に曖昧**なもの。馬場状態とは「馬場の湿潤度合」とあり、「最も水分が少なく乾燥している状態を「良」として、水分が多くなるに従って稍重、重、不良となります」とあるが、含水率によって自動的に馬場状態区分が決まるわけではなく、馬場担当者が実際に踏査して総合的に判断しているとのこと。つまり、馬場発表はそれぐらい曖昧なものであって、その中でも評価が難しい**「稍重」という区分については、多少馬場が湿っている、程度**に捉えるのがいいだろう。

　ちなみに「良↓稍重↓重↓不良」と悪化するのに比例して、芝は時計が遅くなり、ダートは時計が速くなる、というのが中央競馬だけを見ている人の常識だろう。ただ、地方競馬では馬場状態と走破時計の関係は中央競馬ほど顕著ではなく、馬場の悪化に伴い走破時計も遅くなる、というケースも少なくない。**馬場状態の判断というのは非常に複雑で難解**なのだ。

テーマ6

# 重馬場、不良馬場をどう見るか

**本島修司**

## どこをどのように見るか

**「この馬は重馬場が上手いか下手か」の前に考えるべきこと**

重馬場。不良馬場。気にする。**重要なファクターだ。**馬場が『重馬場』や『不良馬場』にまでなると、走れない馬もいるし、〝ブロック勝ち〟も生まれる。

2021年、福島民報杯。マイネルウィルトスという馬が圧勝した。近年まれにみる不良馬場だった。マイネルウィルトスがその後、連戦連勝で行くかとなると、そうはいかない。

そしてこの福島民報杯では、2着に、現役屈指の重馬場巧者である、母父アンバーシャダイのディープインパクト産駒、プレシャスブルーが11番人気で飛び込んできていた。こういう馬はどの時代にも一定数いる。今だと、マカオンドール、ディアマンミノル、ロードトゥフェイム。このあたりが重馬場巧者。

また、重馬場でドロをかぶる競馬は「上手い・下手」の前に、「上手くても休み明けだと不利」という基本もある。人間と同じ。温泉でリフレッシュしたのに、いきなりドロをかぶったら、やる気をなくす。普通に考えればわかること。普通に考えればわかることがわからない人は、人生が〝競馬漬け〟になりすぎだ。だから「この馬は重馬場が上手いか下手か」という視点しかなくなる。視野が狭くなる。

2000年、根岸S。ブロードアピールが強烈な追い込みを決めた。今でも語り継がれるナンバーワン追い込みレース。だが、それよりも重要なレースがある。2001年、根岸S。つまり翌年。ブロードアピールは後方14番手から鬼脚を使ったが3着に敗れている。この時が不良馬場だった。壮絶に下手に乗られていた。ブロードアピールというのはケント・デザーモが乗ると、11番手→9番手と上がっていく綺麗な差し競馬ができる馬（プロキオンS）だった。つまり、あのブロードアピールでさえも、水が浮く不良馬場で下手に乗られたらさすがに届かない。これを覚えておきたい。

こんな、騎乗のことを書くような書き手もいなかったあの頃に、競馬の本を書き始めた。いくつかの、ロマンチックな理由で。

**坂上明大**

## どこをどのように見るか

### 能力比較にスパイスを与える程度の取り扱いが○

「稍重馬場をどう見るか」の項では、気にするだけ時間の無駄、と書いたが、重・不良まで悪化するとさすがに無視はできない。見た目にもわかるほど馬場が傷み始め、走り方自体が変わる馬も少なくない。馬場適性も顕著に出始め、本来の力を出し切れない馬も散見される。**「道悪馬場」とまとめるのは重・不良に限定**するのがベターだろう。

また、ここまで含水率が上昇すると馬場の悪化にも繋がりやすく、その結果、極端なトラックバイアスを生む可能性も高くなる。騎手も進路取りに気を遣うようになるため、特に**内目の馬場がどれほど悪化しているか**には要注目だ。

ただ、馬券という視点で難しいのは、**各馬の道悪適性が明確にはわからない**ということだろう。重で3戦3勝、と聞くと道悪適性が高そうに感じるが、GI馬が下級条件時代に3勝しているなら馬場適性よりも**地力が違った可能性**が高い。馬体面でも芝では「蹄底が厚いと道悪巧者」「四輪駆動型は道悪馬場を苦にしない」など経験則からのセオリーはいくつかあるが、それらも一側面にすぎないだろう。そう考えると、あくまで**能力比較にスパイスを与える程度の取り扱い**がベター、というのが現時点での考えだ。馬場適性を考えるよりも、道悪馬場により変化した**トラックバイアスやペース適性**を考える方が予想の役に立ちそうだ。

ただ、血統面から1頭だけ注目種牡馬を紹介しておきたい。それが**ステイゴールド**だ。

直仔の現役馬はかなり少なくなってきたが、孫世代においても引き続き素晴らしい道悪適性を示している。曾孫世代でどれほどの影響力があるかは微妙だが、今後10年程度は信頼できる道悪巧者血統といえるだろう。そしてこれは、ステイゴールド系が海外競馬に強いことにも少なからず繋がっている。

# 第2章

# 「時計・タイム」見るべきポイント

テーマ 7

# 走破タイム、見るか見ないか

本島修司

## どこをどのように見るか

### 競馬は「この時計で走る勝負の中で何ができるか」という競技

これは**あまり見ない**。昨年の同じレースの勝ち馬のタイムくらい知っていればいいかなという程度。参考程度にしている。むしろ「これ」を見るなら、本気で対峙しなければ意味がないと思う。別な視点を本気で見るので、そのぶんタイムはあまり気にしないという感じだ。

競馬はタイムトライアルというわけではない。

例えば、クラシック戦線では、2歳戦〜3歳戦に向けて、「少しでも追って味のある方を」「少しでもクラシック血統の方を」という方向性で単複を買いながら、桜花賞、皐月賞、オークス、日本ダービーへと向かっていく。このやり方が最良だと感じる。

ひとつの世代で解説すると、2021年〜2022年、牝馬戦線、小倉2歳Sでスピード血統の割に追って味があるミッキーアイル産駒（スリーパーダ）を買い（2着）、阪神JFではそろそろクラシック血統に切り替えてエピファネイア産駒（サークルオブライフ）の単複を買う（1着）、という流れ。このやり方だ。

その際に、「タイムが良いから買う」ということはしない。どちらかというと「勝ち方」が過去の似ている事例と比較して双璧だから買う、というイメージ。こうやって切り替えていきながら、クラシック2冠目のオークス、日本ダービーへ向かって進んでいく。

競馬は、この「どの時計で走れるか」ではなく、「この時計で走る勝負の中で何ができるか」という競技だ。

**坂上明大**

## どこをどのように見るか

### 競馬の基本は走破タイム
### 影響を与える外的要因を補正してはじめて価値が生まれる

走破タイムは**競走能力を測る指標**として非常に重要な役割を担っている。いくらテンや上がりが速かろうが結果には直結しないが（降着などの例外を除き）、最も速い走破タイムを計時した馬はそのレースの勝ち馬になる。着差は過去のメンバー間の力関係しか示さないが、走破タイムは**未来の対戦相手との力関係を測る物差し**になってくれるだろう。末脚や着差だけを見て「この馬は強い！」と豪語する人がたまにいるが、それはあくまでダイジェストでしかなく、**競馬の基本は走破タイム**であるということを忘れてはならない。

ただ、走破タイムを鵜呑みにして痛い目を見ることも少なくないだろう。同距離であってもコースによって基準となる走破タイムには大きな差があり、良と不良、開幕週と最終週では馬場の走りやすさもまるで別物だ。スローペースで速い走破タイムを計時するのは難しく、負担重量が走破タイムに与える影響も小さくない。**走破タイムに影響を与える外的要因**は非常に多く、それらを**補正してはじめて走破タイムに価値が生まれる**、というわけだ。

これらの課題をクリアするためにつくられたのが「**スピード指数**」。私自身も南関東競馬については独自のスピード指数を制作しているが、これにはコース、馬場、斤量などの補正がかかっており、異なる競馬場や距離での成績を横比較できるようにしている。もちろん、誤差ゼロの補正をかけることは不可能だが、おおよそ正しい走破タイムの評価があるからこそ調子や適性、枠順、展開などのさまざまな要素を加点減点できると考えている。

スピード指数は必須ではないが、**スピード指数的な走破タイムの見方**を身につけると競馬という競技の理解度がより深まることは間違いないだろう。

テーマ 8

# 上がり3ハロン、見るか見ないか

**本島修司**

## どこをどのように見るか

**速い上がりタイムを出せるか出せないかがカギ**

見る。参考程度にだが。2000年代初頭に、どうしても速い上がりタイムで上がれない良血馬が何頭かいた。エアシャカール。2冠馬だ。ボーンキングという馬もいた。こちらはフサイチコンコルドの弟だ。ロジユニヴァースという日本ダービー馬も実はこれが弱点だった。

エアシャカールは、古馬になってからGⅠでは通用しなくなり、弱かったとか、成長力がなかったという印象を持っているファンも多いかもしれない。だが、僕が見たところ、一番やっかいだったのは**「速い上がりで走れない」**。という点だったと思う。今だと上がり32秒台の攻防もある時代だが、当時は、上がり33秒台くらいが最速の目安だった。見ていて、エアシャカールは上がり33秒台が出せなかった。ボーンキングもそうだった。彼らはサンデーサイレンス産駒なのに、速い上がりが苦手な珍しいタイプだった。

しかし、血統的に速い上がりが出せないというタイプも存在する。欧州血統に多い。今だと、ハービンジャー産駒などがそう。マイラータイプ（ナミュール）なら33秒台でも上がってくるが、牡馬の本格派は、33秒台がキツい。ブラストワンピースは新潟記念で四苦八苦しながら力の差で勝った。だが、中山や札幌だと上がりがかかるぶん、走りやすくなり、強かった。ローカルGⅢの新潟記念より、GⅠの有馬記念の方がラクに勝てている感じすらあった。今だと、ヒンドゥタイムズ、シフルマン。このあたりが速い上がりが苦手そうだ。こういうタイプはいつの時代にも一定数いるもの。**速い上がりタイム。出せるか**

出せないか。ここには気をつけたい。

## 坂上明大 どこをどのように見るか

### 過大評価される要素のひとつ 上がり3ハロンは他のラップと併せて評価する必要が

上がり3ハロンは**過大評価されやすい要素**のひとつだ。もちろん、価値のない数字というわけではなく、私自身も伸びしろと瞬発力を測るための指標として活用している。上がり3ハロンが速いということは終盤までスタミナが残っている証拠であり、32秒台を計時するには水準以上の瞬発力が必要だ。ただ、世間一般には**瞬発力の側面だけが過大に評価**されているように感じる。

## 上がり3ハロン、見るか見ないか

そもそも、上がり3ハロンは残り600m地点でどれだけのスタミナを残せているかに左右され、逆にいえば「瞬発力勝負では分が悪い」と評価されるような馬でもオープン馬なら33秒台前半の上がりを使えることは調教時計からも明白だ。スタミナ勝負の宝塚記念に滅法強かったゴールドシップですらスローペースの共同通信杯では33・3秒の上がり3ハロンを計時している。**上がり3ハロンは他のラップと併せて評価する必要**があるのだ。

また、**3ハロンにこだわる必要もない。**4ハロンで評価した方が正しく評価できる場合もあるし、2ハロンで評価することで見抜ける本質もあるだろう。直線勝負が多い日本競馬にはピッタリの指標ではあるが、誰にでも確認できる数字であるからこそ過大評価されやすいことは把握しておく必要がある。

ちなみに、私自身は上がり3ハロンを**1ハロンごとに分割して評価**することが多い。上がり3ハロン34・0秒という時計であっても、11・3－11・0－11・7と11・5－11・3－11・2では評価がまるで異なる。前者はラスト1ハロンで失速しているため力を出し切ったと評価できるが、後者はラスト1ハロンでさらにペースを上げているため脚を余したと評価するべきだろう。これを見ると、上がり3ハロンがあくまで**一定区間の時計**でしかないことを理解していただけるのではないだろうか。

ただ、これらの評価はデータソフトや映像解析を必要とするものが多く、精査できる環境がない方にとっては重視する必要がない数字なのかもしれない。

テーマ
9

# 持ちタイム、気にするか、しないか

本島修司
どこをどのように見るか

## 持ちタイムはアテにならない

実績を持っていることと、こういうタイムで走ったことがあること。これはかなり違う。

**練習で強い人。本番で強い人、**これも、どのスポーツ競技にもいると思う。

レースは練習ではないが、競馬の場合は、人間の陸上競技とはまるで違う。

持ちタイムはアテにならない。

何が違うかというと『**馬場状態**』。まずはこれが全然違う。

2022年、タイトルホルダーがギリギリで勝った日経賞が、2分35秒4。稍重。

2023年、タイトルホルダーが8馬身チギった日経賞が、2分36秒8。不良。

着差だけ見れば、後者の方が優秀。

だが、逃げが有利な馬場状態を見れば、前年の方が勝負強かった。

しかし、馬場状態より、もっと大事なことがある。

そもそも、馬は『**自分が速く走ろうとはしてない**』ということ。基本、競走馬は、人間の都合でイヤイヤ走らされている。競走馬の多くは、胃潰瘍だということが話題になったこともあった。速く走ろうとしていない馬たちが、馬場状態だって違うのに、また同じタイムで走ってくるわけがないのだ。

持ちタイムの有無より、持ちタイムを短縮できるくらい「**奥があるか、ないか**」の方が重要だと感じている。特に若い馬の場合、そちらを見る方がいい。その「奥深さ」は血統を見る。馬格も見る。明らかな「クラシック血統」といえる方で、追って味があり、馬格もあれば、早熟血統や完成度が武器の血統の馬たちより、クラシック戦線が進むにつれて少しずつ有利になってくる。その「戦線」の中で、馬場とペースによって、タイムが速くなるレースもあろう、タイムが遅くなるレースもあろう、そういったものを、ひとつ、ひとつ、乗り切っていける。そういう見方ができれば、一回、一回、「今回はタイムが速くなるからどうか」という検討はしなくなっていく。それが、競馬の自然な流れ。本流だ。

## 坂上明大
## どこをどのように見るか

### 持ちタイム≒ベストパフォーマンスを知るということに大きな価値

「走破タイム、見るか見ないか」の項で書いた通り、走破タイムは競走能力を測る指標として非常に重要な役割を担っている。走破タイムの評価にはコース、馬場、ペース、斤量などの補正が必要であり、乱暴に持ちタイムだけを比較すればいいというわけではないが、各馬の**持ちタイムの比較が能力比較のベース**であるということは間違いないだろう。

**持ちタイム≒ベストパフォーマンスを知る**ということには大きな価値がある。ペースや調子などにより走破タイムを落とすのは避けられないことだが、あくまでそれは1回限りのこと。したがって、前走の走破タイムや近走の平均タイムを比較しても意味がなく、**ベストパフォーマンス≒持ちタイムを比較することが各馬の能力比較の基本**だ。適性が合うか、調子が良いかなどは能力比較のベースがあったうえでの話。あまりに古い持ちタイムを持ち出すことには否定的だが、**直近1年などの一定期間**に見せたベストパフォーマンス≒持ちタイムの比較こそが能力比較の基本であるということは忘れてはならない。

ただ、逆にいえば、外的要因によりベストパフォーマンスを発揮できないことがほとんどであり、**持ちタイムをどれだけ伸ばせるか、という予測**も重要なポイントだ。走破タイムや上がり3ハロンなどが持つ意味を正しく理解し、**各馬の可能性を予測する力**を養う必要もあるだろう。そして、これはスピード指数的な時計評価に通ずるものでもあり、持ちタイムが遅い＝弱い、でないことも補足しておきたい。

ちなみに、世の中にある○○指数のほとんどはスピード指数ではない。スピード指数は走破タイムなどの評価指数であり、○○指数のほとんどは制作者の予想のようなもの。どちらが優れているというわけではなく、数字が表す意味が異なるのだ。情報過多の現代においては、数字や言葉の意味を正しく理解する能力が求められている。

テーマ
10

# 新馬、未勝利後の能力タイムで測るか否か

本島修司

## どこをどのように見るか

**血統に馬格を加えて、将来性や奥深さを見る**

あまり気にしない。縮めていけるかどうか、という点では少し気にする。特に若い馬の場合だ。**縮めていけるかどうかは、馬個体より、血統を見る**ことが多い。2～3歳戦線の若い馬の場合、なるべく『追って味がある方を』、なるべく『クラシック血統の方を』と

見ながら、各2歳Sやステップレースを買っていくということは、先に書いた通り。持ちタイムを気にするか、しないか。この点でも見方は同じで、「奥がある馬なら持ちタイムは縮めてくる」と解釈する。そういったこともあり、現時点で「何分何秒で走ってきたか」は、あまり気にしないことが多い。

加えて。馬個体の方では、「十分な馬格さえあれば」と見る。**血統に馬格を加えて、将来性や奥深さ**を見ている。

何度もいうが、あまり目先の持ちタイムに固執しすぎると、世代全体や競馬全体を俯瞰する視点を持てなくなる。競馬も人生も視野は広く持ちたい。

2023年、函館2歳S。重馬場でのレースとなった。結果は、ダートの新馬戦を勝ってきていた、ゼルトザームというヘニーヒューズ産駒が勝った。このレースで芝の新馬戦組の持ちタイムや勝ちタイムを比較して検討しても、意味がなかったことになる。

かといって、じゃあダート馬を買おう、という発想も持ちにくい。こういうレースはあまり購入自体をすすめたくないところだ。持ちタイムで比較検討をする時間が、ほぼ、無駄になってしまうレースの典型例といえる。

それなら……。もっと将来が有力な若い馬を、札幌2歳Sや、デイリー杯2歳S、東京スポーツ杯2歳Sに向けて探していく、という競馬との向き合い方をしたい。

**坂上明大**

## どこをどのように見るか

### 2～3歳戦では伸びしろの予測が重要

走破タイムは競走能力を測る指標として非常に重要な役割を担っている、と書いてきたが、新馬戦や未勝利戦の走破タイムは本来出せるであろうベストパフォーマンスよりも**はるかに遅い可能性**が高い。これは、新馬戦や未勝利戦では**レースと調教がセット**になっているため、厩舎や騎手が競走結果だけを求めた仕上げや乗り方ができないためだ。そのため、2～3歳戦における持ちタイムの比較は古馬戦ほど有用ではないと考える。

2～3歳戦で重要なのは**伸びしろの予測**だ。持ちタイムをどれだけ短縮できるか、条件替わりが向くか向かないか。これらは走破タイムだけではなく、前半、中盤、後半のラップなどから推測することができる。スローペースを上がり3ハロンだけで差し切るようなら大きな上積みが見込めるだろうし、1ハロン別で11・5－11・3－11・2というラップを刻んでいるようなら脚を余している可能性が高い。平均ペースでも追走に苦労しているようなら距離を延ばした方がいいだろうし、ラスト1ハロンで脚が止まるようなら距離を短くしたり、小回りコースに条件を変えた方がパフォーマンスを上げる可能性が高いだろう。

また、**3ハロンではなく、4～5ハロンで時計を比較**することもおすすめだ。2022年皐月賞馬ジオグリフが新馬戦で計時した上がり3ハロン33・3は優秀ではあるが、上級条件まで勝ち上がれる馬なら多くの馬が出せる時計でもある。ただ、このレースの上がり4ハロン45・3は歴代最速の好記録だった。また、2022年菊花賞馬アスクビクターモアが2戦目の未勝利戦で計時した上がり3ハロン34・1は特筆するほどの数字ではないが、このレースの上がり5ハロン57・7は歴代最速の好記録。このように上がり3ハロンでは見えてこない可能性が4～5ハロンなら見えてきたりもする。むしろ**オッズを考慮するなら、4～5ハロンの方が有用**とさえいえるだろう。

テーマ 11

# 古馬の走破タイム、見るか見ないか

本島修司

## どこをどのように見るか

**「持ちタイム」や「持ち上がりタイム」は「競馬場次第」**

若い馬の場合、馬によってはタイムを詰めてくるからあまり気にしない。では、話が「完成された古馬」だとどうか。このあたりは判断が分かれるところだが、**基本的には気にしないようにしている。**例えば、90年代だと「33秒台の上がりタイムを持っている馬」と表現されることがあった。

だが、2001年、新潟競馬場が新しくなった時。このあたりで、多くの人間が競馬の見方を改めるキッカケとなった。新装となった新潟競馬場では、レースに出ているほとんどの馬が「上がり33秒台で上がってくる」というレースが、何度も何度も展開された。この新潟競馬場の例でいうと、2023年現在は、その高速馬場に拍車がかかり、**上がり32秒台**という、90年代ならびっくりするような上がりタイムで上がってくる馬が同じレースで何頭もいた。出走馬の半分が上がり33秒台、上位3頭の中で2頭が上がり32秒台、みたいな競馬だ。

これほどまでに、「持ちタイム」や「持ち上がりタイム」(という言葉があるかどうかは知らないが)といったものは「**競馬場次第**」となる。

新潟の2000mは「速いタイムの中で何ができるか」を競う。札幌の2000mだと「洋芝の遅い持ちタイムの中で何ができるか」を競う。競技が違う。持ちタイムはあまり気にしない。2022年新潟記念のカラテの勝ちタイムが1分58秒9。同じく2022年に行われた札幌記念のジャックドールの勝ちタイムが2分01秒2。だが、カラテの方が強いというわけではないし、この次のレースで両者が同じレースに出走したとしてもカラテが先着するというわけでもない。

## 坂上明大
## どこをどのように見るか

**年齢やクラスが上がればそれに比例して求められるレベルアップ**
**若駒戦以上に走破タイムが重要**

古馬のレースでは若駒戦以上に**走破タイムが重要**だ。クラスが上がれば上がるほどペースは厳しくなり、立ち回りの上手さや末脚の瞬発力だけでは誤魔化しが利かなくなる。スタミナや追走力も求められるようになり、結果的に**走破タイムが速い馬に優位なレースが多くなる**わけだ。

例として、東京芝1600m（良）での勝ち馬の走破タイムと上がり3ハロンを2歳戦（新馬・未勝利戦を除く）と3歳戦（新馬・未勝利戦を除く）、そして古馬混合戦に分けて比較する。上がり3ハロンについては2歳時から古馬混合戦とほぼ変わらない数字を記録するが、**走破タイムについては年齢やクラスが上がればそれに比例してレベルアップが求められる**ことがわかるだろう。スタミナ面の完成より瞬発力面の完成の方がずっと早いことは番組構成からも容易に推測でき、**古馬戦の上級条件になればなるほどスタミナの重要度は高くなる**といえるだろう。

2歳　走破タイム：94・7秒　上がり3ハロン：33・6秒
3歳　走破タイム：93・4秒　上がり3ハロン：34・0秒
古馬　走破タイム：93・2秒　上がり3ハロン：33・7秒

ただ、特に5歳以上の馬にとっては現在のクラスが自身の限界である可能性も高く、その場合は走破タイムの評価よりも**適性評価や状態評価の方が価値は大きい**。走破タイムが能力比較の基本ではあるが、ほとんど差のない条件下においては**小さな能力比較よりも適性比較の方が結果に与える影響力は大きい**といえるだろう。メンバーやコースによって走破タイムの重要度も変わってくるというわけだ。

# 第3章

# 「コース」見るべきポイント

テーマ 12

# 中山　東京
# 適性をどこまで重視するか

**本島修司**
**どこをどのように見るか**

## トリッキーな中山は先に前に行けるタイプ　東京は距離適性

重視する。まず、中山。直線が短く、急坂がある、とてもトリッキーなコースだ。徹底的に「**前に行けるタイプ**」**それも、**「**先に前に行けるタイプ**」が有利。**イン突き**も有利だ。パンサラッサのように、スピードに乗って単に前に行けるタイプも強いが、中山で最も有利なのは、1コーナーの入りで定位置より前に行けるタイプ。自分の定位置より前に行ってから、道中は徹底的に我慢しきるようなタイプが強い。

番手で表現するとわかりやすい。例えば「3→5→6」から1着といった競馬をする馬だ。馬群の中でこういう競馬をすると、より一層中山向きとなる。昔、岡部幸雄騎手がこの競馬をやっていた。普段は「普通の差し馬」だったシンボリクリスエスに乗り、中山で行われた天皇賞・秋で、「中山のお手本」の乗り方をした。つまり、馬、というよりもそういう競馬をする騎手が有利。関東の騎手に地の利があったり、位置取りやイン突きにこだわる外国人ジョッキーが、上手く乗ってくる。

東京。**距離適性**がモロに問われるコース。具体的なレース名でいうと、中山芝2000mの皐月賞は1800mまでの馬でもソコソコ誤魔化して好走できるが、東京芝2400mの日本ダービーは、2400mドンとこいのタイプでなければ厳しい。本質的な距離適性がモロに出てしまう。このあたりの点で意識している。

レイデオロが日本ダービー馬になり、アルアインが厳しくなる。

ドゥデュースが日本ダービー馬になり、ジオグリフが厳しくなる。

このイメージで間違いない。

**坂上明大**

## どこをどのように見るか

**日本血統＝東京芝に強い　中山内回りは機動力、外回りは持続力**
**東京ダートは特殊条件　中山ダートはスタミナ**

東京競馬場の芝コースはNHKマイルC、ヴィクトリアマイル、オークス、日本ダービー、安田記念、天皇賞・秋、ジャパンCという7つのGIが行われる日本を代表するコースだ。GIがこれだけ行われるということは同コースに強い馬をつくることが生産の視点でも大目標となっており、**日本血統＝東京芝に強い**、という適性評価は大きくは間違っていない。そしてそれは、**高速馬場での直線勝負に強い**、ということを意味し、この点においては日本血統が世界で最も強いと断言できる。

それに対して、中山競馬場の芝コースは主場4場の中で最も直線距離が短く、日本の競馬場では最大となる高低差5・3mという点も大きな特徴だ。皐月賞、スプリンターズS、有馬記念、ホープフルSという4つのGⅠが行われるが、**中山巧者と呼ばれる名馬が定期的に生まれる**ことも当然の舞台といえるだろう。もちろん、内回りと外回りでも異なり、**内回りは機動力**、**外回りは持続力**がより重要である。

ただ、ダートコースにおいては**東京競馬場の方が特殊条件**だ。東京ダートの直線距離は日本最長となる501・6mだが、2位の中京競馬場は412・5mと100m弱もの開きがあり、海外のダートコースと比較してもこれだけ**長い直線は非常に珍しい**。特殊条件がゆえに**リピーター**も多く、JRA在籍時に重賞5勝中4勝を東京ダートで挙げたノンコノユメのように東京巧者も数多く誕生している。

中山競馬場のダートコースはJRAの競馬場で**最もスタミナが求められる**コース。JRAの競馬場では砂厚が9・0cmに統一されているが、4・5mの高低差は他場と大きく異なる点だ。実際に、ダート1800m戦の平均勝ち時計を比較してみても、中山競馬場

が最も遅い。特に、スタミナの差が激しい**2～3歳戦で好時計を記録するような馬は出世**
**の可能性がかなり高い**といえるだろう。

テーマ 13

# 阪神 京都 適性をどこまで重視するか

**本島修司** どこをどのように見るか

**京都は今までと同じ扱いでOK**
**阪神は急坂が大丈夫かを血統で見る**

大林組が760億円かけて京都競馬場を改修工事。2年以上かけて完成した、新・京都競馬場が2023年の春から登場した。これまでと傾向が変わるかもしれないと身構えた。

だが、大きな変化はなかった。かつての京都競馬場は、直線に坂がなく、特に外回りコースは広くて「横にズラッと並んでの切れ味比べ」が展開されていた。生粋の京都巧者もたくさんいた。ディープインパクト産駒の牡馬、トーセンラー。フレンチデピュティ産駒の牝馬、メイショウベルーガ。このあたりが強烈な京都巧者だった。新京都競馬場も「4コーナーの角度を安全にした」だけで大きなコースレイアウトの変更はない。つまり。

**今までの京都と同じ扱いでいいし、似たような京都巧者はこれからも出るはず。**

こう見たい。

**そして、より一層の繁栄を見せるディープインパクト系から新たな巧者が出そうだ。**

阪神は阪神でコース巧者が出るが、着眼点は「**急坂が大丈夫かどうか**」くらいで、それは個体によるものではなく、むしろ、**血統からくる**ものであることが多い。急坂が大丈夫かだけチェックすれば大きな問題はない。

上がりが速いより遅い方がよくてパワーがあるルーラーシップ産駒あたりの走りが、モロに阪神と合う。マスクトディーヴァのローズSのイメージ。

面白いのは、ハーツクライ系。コースは問わない血統。ただ、京都も阪神も走れるとはいえ、一瞬の切れ味が生きるのは急坂が「ある」阪神の方だ。

かつて、ギュスターヴクライが逸走して戻ってきたオルフェーヴルに競り勝ったのは阪神大賞典だった。京都では、ちょっとぎこちない走りをしていた馬。

最近では、ドウデュースが『阪神で行われた京都記念』で強烈な圧勝を披露。京都でやっても勝っていたと思うが、阪神のぶん、より一層の圧勝になったと感じた。

**坂上明大**

## どこをどのように見るか

**阪神はフラットなコースで力を出しやすい舞台**
**京都内回りは中山と阪神の中間的な内回りコース**

阪神競馬場は芝、ダートともに**非常にフラットなコース**である。

芝コースは内回りと外回りがあり、直線距離は内回りが356・5m（Aコース）、外回りが473・6m（Aコース）。もちろん、外回りの方が東京競馬場に近い直線勝負になりやすいコースだが、内回りも全場では中程度の直線距離があり、3～4角のカーブが緩やかであることも**極端な適性を生んでいないポイント**といえるだろう。

ダートコースも直線距離352・7mとJRAでは4番目の長さがあり、3～4角のカーブも緩やか。ダートコースとしては平均的なコースレイアウトで、**どの馬も力を出しやすい舞台**といえるだろう。

京都競馬場も阪神競馬場と同じく芝コースは内回りと外回りがあるが、直線距離は内回りが328・4m（Aコース）、外回りが403・7m（Aコース）と阪神競馬場よりやや小ぶり。さらに、内回りは3～4角も阪神競馬場より急であるため、**中山内回りと阪神内回りの中間的なコース**といえるだろう。また、京都といえば3コーナーの下り坂も名物のひとつ。四足歩行の競走馬にとって4m弱の下り坂は同程度の上り坂よりも得意不得意が出やすい条件であり、阪神競馬場よりも**適性の重要度が高い**コースといえるだろう。

ダートコースも直線距離329・1mと阪神競馬場よりややコンパクト。とはいえ、J

RA全場では中程度のサイズ感であり、極端な適性が求められるようなコースではない。

なお、2020年秋から2023年春には改修工事が行われたが、コース形状に大規模な変更はないため、適性面についても**改修前から大きな変化が生まれることはない**だろう。

馬場傾向については開催が進んでからわかることだ。

テーマ 14

# 新潟 中京
# 適性をどこまで重視するか

**本島修司**

## どこをどのように見るか

### 同じ左回りでも中身は違う

重視する。新潟も中京も左回り。だが、**中身はけっこう違う。**それぞれに得意とする血統もいて、それもまた違う。

新潟だと素軽い血統が躍動する。トライアルホースが多いフジキセキ系などが凄く合う。

外回りで直線が長くても平坦で「素軽い切れ味勝負」になる。

**キングカメハメハ系の素軽さを突き詰めたような、リオンディーズ産駒が新潟得意。**

ストーリアも、アナザーリリックも、新潟が得意だ。

**ハービンジャー産駒が最も苦手そうに走るのが、左回り平坦の新潟コース。**

**しかし、ハービンジャー産駒が得意そうに走るのは、左回り坂アリの中京コース。**

似ているが、違うのだ。

そう、中京コースには**坂がある。少しパワー**もいる。同じ左回りでも、新潟とは様相が変わってくる。前出した通りハービンジャー産駒がなぜか中京コースで結果を出す。合っているのだろう。この「中京のハービンジャー」はけっこう注目する価値があり、現役馬だとリューベック、グランディアあたりが得意。洋芝の函館記念と中山のオールカマーという、ハービンジャーにとって完璧な使い方でブレイクしたローシャムパーク。これは中京でも見たい馬。白百合Sで大敗してしまったワンダイレクトも再浮上があるとすれば中京コースだろうか。アライバルもといいたいところだが、これはハービンジャー産駒にしては珍しい過剰人気馬。素質馬というより、過剰人気馬だと感じる。一度も買ったことがない。

ハービンジャー産駒が結果を出すという点で、逆に「力がいること」がわかった中京コース。他でも**パワー型の血統**に注目してもいいかもしれない。キングカメハメハ系ながら異能のパワー型・ルーラーシップ産駒は中京も合いそう。現にロバートソンキーが結果を出している。ロバートソンキーはコースを問わない馬だが、条件戦時代、新潟よりは、中京の方が、フィニッシュまで〝しっかり伸び切る〟感覚があった。2023年の日経新春杯は実力馬ヴェルトライゼンデを相手に、あまりに人気になりすぎていて買わなかったが(1人気5着)、落ち着いたらまた買ってみたい馬だ。

## 坂上明大
## どこをどのように見るか

### 新潟芝外回りは欧州血統の持続力も求められる
### 中京芝1200mは騎手心理の影響も強く受ける難解なコース

新潟競馬場の芝コースには**内回り**、**外回り**、**直線コース**の3種類があり、それぞれが特徴のあるコースレイアウトをしている。内回りは阪神内回りとほぼ同じ直線距離だが、コーナー角がきついため**小回り適性が求められる**舞台といえるだろう。外回りは東京競馬場をはるかに上回る658・7mの直線距離を誇るが、長すぎるがゆえにラスト1ハロンで大きくラップを落とす点も大きな特徴だ。そのため、日本血統の瞬発力だけでは押し切れず、**欧州血統の持続力も求められる**コースといえるだろう。日本で唯一の直線コースである新潟芝1000mは**外枠有利**が有名なコース。同コースは外枠から枠が埋められるため、大外から7枠、特に大外から4枠の成績が非常に良いと覚えておきたい。また、一年中野芝のみで開催が行われるのは新潟競馬場のみ。水はけも非常に良いため、**馬場の変化が最も大きい競馬場**ともいえるだろうか。

ダートコースも芝内回りと同じく直線距離は中程度だが、コーナー角はきつめの小回りコース。**ストライド走法のスピードタイプが東京のユニコーンSを制し、ピッチ走法の機動力タイプが新潟のレパードSを制す**、という構図が新潟ダートの特徴を強く表している。

中京競馬場の芝コースは直線距離412・5mとやや長め。特に、芝1200m戦が行われるコースでは最も長く、2位の新潟競馬場とは50m以上もの開きがある。そのため、スプリント戦の中でも**末脚を活かしやすい**コースといえるが、この特徴から前半が速くなりにくいという傾向も。馬場傾向だけでなく**騎手心理の影響も強く受ける**難解なコースだ。

ダートコースの直線距離410・7mは東京競馬場に次ぐ日本で2番目の長さ。ただ、中京ダートはコーナーが非常にきつく、外をマクッていこうとすると大きく振られてしまうコースレイアウト。そのため、**ラチ沿いで脚をタメて直線で末脚を爆発させる馬たちの激走**が目立ち、チャンピオンズCでも2015年のサンビスタや2016年のサウンドトゥルーなどは同様の立ち回りで勝利を挙げている。

テーマ 15

# 小倉　福島　適性をどこまで重視するか

**本島修司**　どこをどのように見るか

**小倉はコース形態から巧者が出やすい**
**福島は荒れ具合にも注意**

重視する。基本的にコースは重視する。
小倉は、何度も書いているように、外差し馬場になりやすいが、外差し馬場でも、外目から早め先頭の馬や、好位そのやや外目の馬が強い。極端なドンジリ→大外一気は決まらない。ここまで直線が短いと、**追い込み自体が決まりにくい。生粋の巧者でも出やすい。**小倉王・メイショウカイドウ。他にもイタリアンレッドという牝馬も小倉が得意だった。最近だと小倉のオープン特別大将、元道営馬のダブルシャープ。僕が好きなところではバトルバニヤンもいた。もしかすると、ディープモンスターも小倉が得意な可能性があり、これから注目だ。

福島ももちろん巧者が出る。最近だと、クレッシェンドラヴ、ヴァンケドミンゴ。このあたりが福島得意馬。

**また、中央場所の重賞にあと一歩で、「福島で勝ち切りに来た」というタイプが勝ち切ることも多い。**

福島記念。パンサラッサ、ウインブライト、スティッフェリオ、グラスボンバーが、ここから、『勝ち切る形』と『飛躍のキッカケ』を掴んだ。

本当に、コース巧者がよく出現するコースだ。

だが、馬場が荒れてくると難しくなるコースでもある。例えば、開催後半の七夕賞となると、巧者より「その馬場に合わせて、上手く乗られた馬」が上位へ進出してくる。

2023年の七夕賞がいい例だ。勝ったセイウンハーデスは力通りだが、2着のククナなどは「この馬場で、この乗り方だから、来た」という馬。

1番人気で4着のバトルボーンは、頑張ってはいたが、乗り方を間違えた馬。あの荒れた馬場のど真ん中を逃げる必要はなかった。違う乗り方なら3着はあったように思う。

巧者と、コース形態と、芝の荒れ具合。その3つを合わせて見ておきたいところ。

**坂上明大**

## どこをどのように見るか

### 馬場状態に大きな違いがある小倉と福島
### 福島芝はトラックバイアスの変化に注意

小倉競馬場の芝コースは２コーナーからの下り坂の影響で５～６ハロンのロングスパート勝負になりやすい舞台。直線距離２９３ｍ、かつ直線平坦コースではあるものの、３～４角にはスパイラルカーブが導入されているためコーナーでもスピードが落ちにくく、ＪＲＡ全場で最も高速決着になりやすい競馬場といえるだろう。実際に、ＪＲＡの芝１２００ｍと１８００ｍのレコードタイムは小倉競馬場で記録されており、**高速決着に対応できる追走スピードやタフさが求められる**コースというわけだ。福島競馬場に次ぐ一周距離の短い競馬場でありながら、**逃げ馬の好走率が他場と比較して低め**であることも納得がいく。

福島競馬場の芝コースは一周距離１６００ｍ（Ａコース）というＪＲＡ全場の中で最も

コンパクトな競馬場だ。とはいえ、サイズ感は小倉競馬場と大きくは変わらず、3〜4角にはスパイラルカーブが導入されてもいる。コースレイアウトの違いといえば、起伏の違いくらいだろうか。

ただ、**小倉競馬場と福島競馬場では馬場状態に大きな違い**がある。小倉競馬場は開催と開催の間隔が長いため芝の養生期間を十分にとることができ、開催を通して**非常に綺麗な馬場状態**を保つことが多い。また、ローカル競馬場としては幅員が広いため、A〜Cの3つのコースを使い分けられることも綺麗な馬場状態の維持に繋がっているといえるだろう。

それに対して、福島競馬場は開催時期の影響から芝の発育が良くなく、特に梅雨と重なる夏開催時は綺麗な馬場状態を保つことが難しい。そのため、**開催が進めば進むほど馬場状態は悪化**し、開催前半は内先行有利、開催後半は外差し有利、といった**トラックバイアスの変化が激しい**競馬場だ。

ダートコースは小倉競馬場が一周距離1445・4m、直線距離291・3m、福島競馬場が一周距離1444・6m、直線距離295・7mという典型的な小回りコース。小倉は後半が下り、福島は後半が上り、という起伏の違いはあるが、どちらも共通して小回り向きの**スピードや機動力が求められる**コースといえるだろう。

テーマ16

# 函館　札幌
# 適性をどこまで重視するか

**本島修司**

**どこをどのように見るか**

## 「洋芝適性」を武器にしたリピーターが続出

日本で唯一の洋芝コース。もちろん重視する。他の競馬場より上がりがかかり、コース巧者も続出する。エリモハリアーは「函館の鬼」の最高傑作だが、他にも、**札幌や函館では、同じレースでのリピーターも多い。**リピーターとは同レースを昨年と同様に好走する馬のことだが、2年連続同レース好走はあっても、3年連続同レース好走というのはなかなか難しいものだ。しかし、函館と札幌では、それすらもけっこうありえる。

2022年だと、ボスジラが丹頂Sを、2020年・1着→2021年・2着→2022年・1着と、3年連続で好走した。2022年時に単複を買ったのが、「3着くらいかも」と思った僕の予測を覆し、まさか前年より着順を上げてくるとは。驚いた。

最近だと、ジュビリーヘッドというロードカナロア産駒のスプリンターが、洋芝得意。夏になると、急上昇してくる。ダークエンジェル産駒のマル外、シュバルツカイザーも札幌の芝が合うようだ。このあたりが洋芝巧者。

**血統ではハービンジャー産駒。中京以上に、函館・札幌の洋芝の鬼でもある。**

ノームコアは札幌記念に出てくるのを待っていた思い出がある。2023年もローシャムパークが函館記念で大爆発。才能を開花させていた。

ダートもお団子型の1700mが異様に上手い馬がいて、過去にはフェラーリピサ、エーシンモアオバー。そして2023年はペプチドナイル。大沼Sを突然圧勝した姿を見て、マリーンSで単複大勝負をした。

夏になると、函館が開幕する。そして夏は、札幌でフィナーレを迎える。函館や札幌が得意な馬は、秋競馬になれば出番はあまりない。特に函館や札幌で「**洋芝適性」だけを武器に走っていた**馬は、その「適性」を武器にして、競走生活を長く生き延びるということ。

2005年から函館記念を3連覇したエリモハリアー。あの頃、少しだけ競馬の手法を確立し始めていた。競馬の終わりの長い夕暮れに、自信と確信が溢れるように。手もとには、少しキツめに泡立つソーダ。夏を味方に。そんな、ロマンチックな方法で。

**坂上明大**
## どこをどのように見るか

### 求められる適性が大きく異なる函館と札幌
### 直線距離は長く急コーナーの函館、実は「小回り」ではない札幌

函館競馬場と札幌競馬場は日本では珍しい洋芝が敷かれた競馬場であり、一周距離や直線距離もほぼ同じ。そのため、両競馬場は同じように扱われることが多いが、実は**求められる適性は大きく異なる**。

最大の違いは**コーナーの角度**だ。一周距離と直線距離がほぼ同じならコーナー角も同程度に思えるが、実はゴール～1コーナーまでの距離が函館競馬場の方が長いため、実際は函館競馬場の方が**直線距離は長くコーナーは急**、というコースレイアウトになっている。反対に、札幌競馬場はコーナー区間に1000m以上の距離を充てており、これはJRA全場と比較してもトップクラスに長く、決して「**小回り」と呼べる競馬場ではない。**

その他にも、開催時期と水はけの影響から函館競馬場の方が馬場は重くなりやすく、開催後半における馬場の荒れ方も大きく異なる。また、高低差3・5mの函館競馬場に対して、札幌競馬場は高低差0・7mとほぼ平坦。**函館は力のいる馬場の小回りコース、札幌は軽めの馬場の大回りコース**、とざっくりイメージしておくといいだろう。

この違いは種牡馬成績からも明白だ。近年の日本競馬を牽引した大種牡馬ディープインパクトの産駒は札幌競馬場では水準以上の好成績を挙げているが、函館競馬場ではJRA全場で最も低い勝率を記録している。前述のイメージの通り、札幌競馬場の方が日本の主流適性が求められやすい競馬場というわけだ。

ダートコースについてもコーナーの角度の差が両競馬場の大きな違いとなっている。函館競馬場は小回り、かつJRA全場で最も直線距離が短いため、先行馬に圧倒的有利なコースだ。反対に札幌競馬場は直線距離が短いにも関わらず、逃げ馬の成績はローカル競馬場の中でも最も悪く、**展開よりも地力が重要**なコースといえるだろう。

# 第4章

# 「距離」見るべきポイント

テーマ 17

# 1200m路線特別視することはあるか

## 本島修司

## どこをどのように見るか

**鞍上の「失敗」ですぐに終わってしまう**
**馬券は勝負しない方がいい**

若者の政治離れ。こんな不思議な言葉がある。90年代だって若者はもともと政治に関心がない。そもそも近づいていない。なのに「離れ」はヘン。

騎乗ミス。こんな不思議な言葉もある。もともと下手で上手く乗れないのに「ミス」。これもヘン。ミスというのは、本当はできるのに失敗するから「ミス」なのだから。日本競馬、特にＪＲＡの話になると、底辺を大きく取らない騎手育成システムに問題がある。20年前からそういっている。川田や横山武のような騎手はたまたま才能があっただけだ。日本人騎手の場合、全体的にレベルが低いことは、外国人ジョッキーの競馬を見ればわかるだろう。川田騎手がドバイワールドCを勝ったのは彼にたまたま才能があっただけ。吉田豊騎手がサウジCを勝ったが、もともと「行き切り」「下げ切り」の騎乗の型の騎手で、パンサラッサの競馬がハマったというものだった。

１２００ｍであること。これはかなり重視する。重視というより、**馬券は勝負しない。**距離が短いのだから「すぐに終わってしまう」。なので、鞍上がミスすると、というか失敗すると、取り返しがつかない。１コーナーの入りで失敗すると、それを取り戻す前に4コーナーが来てレースが終わってしまう。

今は浦和へ移籍したアポロビビという馬がいた。中山ダート１２００ｍのスペシャリスト。ＪＲＡ時代はあまり買わなかった。吉田豊騎手の極端な下げ切りがあると、１２００

ｍのレースがすぐに終わってしまい、とても間に合わないからだ。

逆に長距離は、**腕のある騎手なら道中で巻き返す「間」**がある。２０２３年、札幌日経オープン。前半１０００ｍ62秒台で、５番手でも遅いと感じたのだろう、岩田康のブローザホーンは道中で急遽、３番手まで押し上げた。そのまま早め先頭で圧勝。見事だった。

何度か書いていることだが、１２００ｍ路線は馬券を買う回数や金額、つまり「量」を減らすと馬券成績が向上する人がたくさんいる。一度、馬券成績を見直してみるのもいいだろう。昨日が駄作なら、明日を傑作にすればいい。

坂上明大

## どこをどのように見るか

### 持ち時計の比較だけでなく
### カテゴリーレベルの比較も重要

短距離戦はレース展開が限られている。前半が速いか遅いか、それくらいだろう。下級条件では中盤で緩む展開をまれに見るが、上級条件ではスタートからスピード比べになることがほとんど。したがって、適性が結果に与える影響は比較的小さいと考えるべきだ。

重要視すべきは**位置取り**だ。短距離戦ではスタートからフルスロットルでの先行争いが行われるため、騎手が位置取りをコントロールできる範囲はかなり限られる。枠順と初角までのダッシュ力が位置取りを決めるといっても過言ではなく、その位置取りによってペースやトラックバイアスの影響を受けることになる。したがって、コースによる枠順傾向やメンバー内での先行力の序列はしっかりとチェックする必要がある。

当然、能力比較も重要だ。適性の重要度が低いということは、必然的に地力が結果に与える影響は大きくなる。中長距離戦よりも持ち時計の重要度は高いといえるだろう。

注意が必要なのは、日本競馬における**短距離戦のカテゴリーレベルは相対的に低い**ということ。日本競馬が芝１６００～２５００ｍを中心に形成されていることはＧＩの数や賞金額からも明白で、そのカテゴリーで強い馬をつくるための種牡馬や繁殖牝馬が重宝されることも自然の流れだ。その結果、日本の競走馬におけるピュアスプリンターの数は相対的に少なく、カテゴリーレベルが他よりも低いことは当然の構図といえるだろう。そのため、特に上級条件や世代限定戦における**芝１６００ｍ以上からの距離短縮馬の成績は非常に良く**、グランアレグリアの２０２０年スプリンターズＳ制覇はその典型例といえるのではないだろうか。短距離戦では**持ち時計の比較だけでなく、カテゴリーレベルの比較も非常に重要**なポイントだ。

テーマ18

# 1600m路線 重要なポイントは何か

**本島修司** どこをどのように見るか

## マイルGⅠは1400mの馬より中距離、2000mの馬の方が有利

日本競馬は中距離馬の方が強いのだから、安田記念は大阪杯あたりからの馬が強く、マイルCSは天皇賞秋からの馬が強いのが必然。と、この話は何度か書いてきているので、

ここでは違う観点からの話を。

**安田記念とマイルCSというのは、なかなかリンクしない。**相当強い「マイル王者」でないければ無理だ。インディチャンプやグランアレグリアのような馬のことだ。昔だとタイキシャトルやエアジハードなどがそうだった。どちらのGⅠでも勝ち負けできた。

現実を見れば、スーパーホーネット（マイルCS・得意、安田記念・不得意）、ペルシアンナイト（マイルCS・得意、安田記念・不得意）、サトノアラジン（安田記念・得意、マイルCS・不得意）といった面々が、マイルGⅠの歴史をつくってきた。

右回り・左回りウンヌンより、求められる要素が大きく異なるので、**この2つのGⅠはなるべく分けて見るのがいい**と思う。

もう一点。「1400mが得意な馬」というのが、一定数、いる。最近だとダイアトニック。少し前だとマジンプロスパーやサンカルロ。この手のタイプは「マイルGⅠ奪取」にけっこう苦労するので、そこを覚えておくといいと思う。**マイルGⅠでは1400mの馬より、やはり中距離、2000mの馬の方が有利**だと感じる。非根幹距離で強すぎると、あまりマイルでの強さを感じないし、競馬というのは基本的に「距離を短縮していく方がやりやすい」もの。そのあたりが作用しているのだと思う。

## 坂上明大
## どこをどのように見るか

### 距離の微妙な差よりも
### コースの特徴に焦点を当てて分類したい

芝1600mもすべて1ターンのコースで行われるため、短距離戦と同じくレース展開のバリエーションはそれほど多くない。ただ、芝1400〜1800mのカテゴリーにまとめれば1ターンと2ターン、内回りと外回りなどが混在し、短距離路線よりも**コースによる適性の差は大きい**といえるだろう。

そこで、条件別にコースを3つに大別したい。

1番目は阪神芝1400mなどの1ターン&短い直線の短距離型コースだ。芝1200mは中京競馬場を除き1ターン&直線距離360m未満のコースで行われ、同様の特徴を持つ1400mのコースでも1200m戦と同じようなレース展開が繰り広げられる。また、1ターンとはいえないが、中山芝1600mもこのタイプに分類することができるだろう。直線が短いため先行争いが激しくなりやすく、**ハイペースの消耗戦が多い**点が特徴だ。

2番目は東京芝1600mや阪神芝1600mといった多くのマイルGIが行われる1ターン&長い直線のマイル型コース。1ターンではあるが、直線が長いことから前半は平均~スローペースで落ち着くことが多く、**直線での末脚が結果に大きな影響**を与える。

3番目は中山芝1800mやローカル競馬場の芝1700m以上に多い2ターンの中距離型コース。一周距離の短い競馬場では1700m以上を2ターンのコースで行うことが多く、直線距離も短い。マイル型とはコースレイアウトが大きく異なり、**中距離戦のレース展開**になりやすいタイプといえるだろう。

距離の微妙な差よりも、**コースの特徴**に焦点を当てて分類するのがおすすめだ。

テーマ
19

# 中距離路線
# 見るべき点、捨てるべき点

本島修司

## どこをどのように見るか

### 強い路線の中距離からの馬が
### 1600、1200m戦に出てきたら強い

サイレンススズカは、サンデーサイレンス産駒史上最強だったのか。
永遠のテーマだ。ことは「VSディープインパクト」となるから、難しい。答えは出な

いところ。サイレンススズカは、伝説の金鯱賞や、グラスワンダーとエルコンドルパサーをまったく相手にしなかった毎日王冠によって、少し神格化されているフシもあるように思う。

中山記念は、2着のローセンカバリーに1馬身3／4差。唯一のGI勝ちとなった宝塚記念は、2着のステイゴールドに3／4馬身差。けっこう〝ギリ勝ち〟だった。

この頃からだろうか。日本の中距離馬は世界でも強い方だと認識され始めたのは。そして今では、「世界最強の中距離馬」とまでいわれるほどになった。

中距離路線で見るべき点は、**強い路線である中距離からの馬が、1600、1200m戦に出てきたら強い**ということだ。インディチャンプ、グランアレグリア、レシステンシア。みんな距離を短縮して、「弱い路線の方」(短い距離の方)に流れて、強さを発揮した。

ステルヴィオ、ペルシアンナイト、アルアイン。このあたりは「皐月賞を走っていた馬がマイルCSで好走した」形。こういう全体像としての〝動き〟こそ、競馬においての見るべき点なのだ。俯瞰すると、**短距離より中距離馬が強い現象**はまだまだ続いている。

日本の競馬ファンは「サイレンススズカ」と書いて「予測不能だった夢」と読むことが

できるほど彼が好きだ。彼だけは、やや神格化されていたとしても、それはそれでいい。なぜだかそんな気がする。あの日、儚さと悲しさの中で溢れた両目の、大時化のピークが過ぎ去った今も。

## 坂上明大
## どこをどのように見るか

### 日本の全カテゴリーの中で最も層が厚くレベルが高い路線

芝中距離路線は**日本競馬におけるメインカテゴリー**だ。

1着賞金が2億円以上のGI競走は2023年時点で9つあるが、そのうち7つは芝2000～2500mで行われており、重賞競走の数が最も多いのも芝2000m（2歳戦を除く）。そしてそれは競走馬の生産自体が、強い芝中距離馬、をつくることをメインテーマにしていることを意味し、その結果、**全カテゴリーの中で最も層が厚くレベルが高い**、と断言してしまっても間違いではないだろう。

血統面でもサンデーサイレンス系やキングカメハメハ系を筆頭に日本血統が確立され、このカテゴリーで活躍するほとんどの馬がこれらの血を引いている。ただ、日本血統×日本血統の組み合わせはまだまだ少なく、日本血統×○○血統の○○が何かによって各馬の適性に差が出ると考えていいだろう。

近年で最も結果を出しているのが**北米血統**だ。スピードと早熟性に優れ、高速馬場も得意。近年の日本競馬を牽引するに相応しい組み合わせだったといえ、その代表例が幾多のGI馬を輩出したディープインパクト×ストームキャットのニックス配合だ。

イギリス・アイルランド血統はSadler's Wells→Galileo系を筆頭に**スタミナと馬力**に優れた血統だ。タイトルホルダーが代表例に挙げられ、宝塚記念のようなタフな馬場やペースに強い馬が多い。ただ、日本競馬にとっては重すぎる感もあり、血統表の1／4程度に抑えるのがベターだろう。

フランス血統は**スタミナと瞬発力**に優れ、フィエールマンやクロノジェネシスなどがこれに該当する。特にフィエールマンの活躍にはフランス血統の特徴が強く表現されており、芝3000m以上のGIを3勝しながらも、2020年天皇賞・秋では上がり3ハロン32・7の末脚を披露して2着。日本競馬とは昔から相性の良い血として重宝されている。

テーマ
20

# 長距離路線 3000m超えの特殊レースのコツ

## 本島修司

どこをどのように見るか

### 専門家、GIは乗り切れぬ、ピークが長持ち

餅は餅屋。昔の人はいいことをいった。専門作業は専門家にまかせなさいということ。
ただし、その専門家にもピンキリがいて、本当はそこの方を強調したいくらいだが。
ミクソロジー。シルバーソニック。ディバインフォース。アイアンバローズ。フェイム

ゲーム。デスペラード。アルバート。ファタモルガーナ。トウカイトリック。

馬名を見ただけで、多くの競馬ファンがすぐにわかる馬たち。あぁ、3000m超えが得意な生粋のステイヤーねと。

彼らは、万葉S、ダイヤモンドS、ステイヤーズSが得意で、何度も好走を繰り返した。要は専門家だ。

さらに、もうひとつ特徴がある。「GⅠ（天皇賞・春）やGⅠに繋がるようなGⅡ（阪神大賞典）」では、たとえ、3000m超えでも厳しいということ。つまり一線級のGⅠクラスには力負けしてしまうということだ。

さらにさらに、もうひとつ特徴がある。それは、とにかく「長持ちする」ということだ。ピークなんかない。ピークという概念があまりない。一線級のGⅠクラスと死力を振り絞ったような戦いをしないため（凡退するため）、消耗が少なく、長く競走馬として活躍することができる。

**専門家がいること。**

**GⅠは「距離適性」だけでは、乗り切れないこと。**

2年、下手をすると3年後くらいまで、**ずっとピークが長持ち**すること。
この3点を知っているだけで、3000m超えのオープンレースに強くなる。

**坂上明大**

## どこをどのように見るか

### 長距離戦ではまず各馬の格、次に騎手、そして馬体重を見たい

芝3000m以上では菊花賞と天皇賞・春という2つのGIがあり、いずれも1着賞金は2億円以上という高額賞金が用意されている。とはいえ、近年の日本競馬における長距離路線の**地位は年々低下**しているといわざるを得ないだろう。

1970年以降の日本競馬はNasrullah系やNorthern Dancer系などの力を借りてスピード化を果たし、現在ではサンデーサイレンス系やキングカメハメハ系などが日本血統

として独自の競走適性を確立している。その反面、日本競馬におけるピュアステイヤーの数は年々減少しており、長距離路線自体のレベルの低下も当然の流れといえるだろう。天皇賞・春では2000年以降の7割以上の勝ち馬が2000〜2500mからの距離延長馬であり、3000m以上のレースで格が高いのは天皇賞・春と菊花賞、そして阪神大賞典の3レースのみといってしまっても過言ではない。層の浅さから世代交代が起こりにくく、格の高い馬が長期政権を握りやすいという点も大きな特徴だ。**長距離戦ではまず各馬の格**を整理したい。

その他では**騎手にも要注目**。川田騎手のようなトップ騎手であっても芝3000m以上の長距離戦では苦戦傾向にある。馬のリズムに合わせる騎手の方が長距離戦に向き、個人的には横山和生騎手の活躍に期待している。

また、長距離適性を予測するうえでは**馬体重が大きなヒント**となる。下級条件では力不足の軽量馬も混ざっているが、**上級条件の軽量馬**ともなれば**距離適性が長い**可能性が高い。ゴールドシップやキタサンブラックのようにフレームが大きく高重量の馬もいるものの、筋肉量が少ない軽量馬、特に牡馬については長距離戦で一変する可能性は高いと見ていいだろう。ディープインパクト産駒やステイゴールド産駒の活躍がこの傾向を証明している。

テーマ 21

# ダート　砂での距離適性をどこまで見るか

## 本島修司 どこをどのように見るか

**『ダートは距離を誤魔化せる』もの**

これについては「中距離だと、それほど重要視しない」となる。まず、**『ダートは距離を誤魔化せる』**ものだということを念頭に置きたい。

血統的に「**ダートになると中距離を走る、芝の短距離血統の馬**」というのが一定数いる。

これが「ダートは距離を誤魔化せる」の証。

芝だと１２００ｍの種牡馬、スウェプトオーヴァーボードの産駒なのに、２０００ｍのダート重賞を勝つ、オメガパフューム。

芝だとトライアル向きのマイラー、フジキセキの産駒なのに、ダート２１００ｍのＧＩを勝った、カネヒキリ。

芝だとスプリンターの種牡馬、キンシャサノキセキの産駒なのに、ダート１８００ｍのオープン特別を勝つ、サンダーブリッツ。

そのうえで、個体を見る。

個体別のダート馬となると、まず、１８００ｍも２０００ｍも２１００ｍも、あまり変わらないという見方がある。

しかし、**短距離の方が厳密化されている**かもしれない。

昔、ワシントンカラーという馬がいた、ダート１２００ｍの専門家。１４００ｍならなんとか走れたが、１６００ｍだと明らかに長く、末脚が〝かったるく〟なっていた。

最近だと、レッドルゼル。１２００ｍの専門家。これが１４００ｍならなんとか戦える。

根岸Sなら大丈夫。勝ち負けまでいける。しかし、1600mのフェブラリーSになると、ハマりにハマっても2着、という感じ。ワシントンカラーに似ている。

短距離のダート馬は、1200m向き、1400m向き、1600向きと、わりとキチンと分けた方がいい。

ちなみに。2023年に春の話題だった、フェブラリーSでの「レモンポップが1600mも走れるかどうか」は、「距離は持つ」ではなく「キングマンボ系のレモンドロップキッド産駒で1600mが長いわけがない」と判断して単複を買った。距離を誤魔化しての勝利ではなく、普通にマイルも走れる馬だったことは、圧勝という結果が示した通りだ。

**坂上明大**

## どこをどのように見るか

### 距離という固定された数字にとらわれない方が良い

ＪＲＡのダートコースは芝コースの内側につくられているため、小回りかつ直線の短いコースが大半を占める。そのため、芝のレースよりもレース展開のバリエーションが少なく、特に１７００ｍ以下では**ワンペースのスピード勝負**がほとんどだ。

とはいえ、ダート競馬においても本質的な**距離適性**は決して無視できない。１４００ｍで好走した馬が同じペースで１７００ｍを走ればガス欠になるし、道中のペースが緩ければ１７００ｍでも好走する可能性がある。逆にいえば、芝競馬でも同じようなレース展開ならダート競馬と同程度の幅が期待できるということだ。ダート競馬は距離適性の幅が広い、のではなく、我々が**距離という固定された数字にとらわれすぎている**、と考えるのが正しいのかもしれない。距離適性やコース適性というのは我々が思っているほど単純ではなく、むしろそれらに**とらわれない方が馬券収支の向上に繋がる**のではないか、と思うほどだ。

また、芝の短距離路線や長距離路線と同じく、ダート路線も日本でのカテゴリーレベルは相対的に低い。ダートGI馬の多くが1600～2000mの**GIタイトルを複数獲得**すること、そして**ダート馬の活躍寿命が長い**ということもカテゴリーレベルの低さが要因といえる。

ただ、2022年産世代から2～3歳ダート路線が整備され、JRA所属馬にも「羽田盃→東京ダービー→ジャパンダートクラシック」という大目標とするレースが誕生。これにより、ダート馬の生産にはこれまで以上に力が入り、ダートカテゴリー全体のレベルが底上げされることは間違いない。そうなれば、これまでほど複数タイトルを獲得することは容易ではなくなるだろう。

# 第5章

# 「調教　仕上げ　厩舎」見るべきポイント

テーマ 22

# 調教タイムをどう見るか

**本島修司**

## どこをどのように見るか

**中途半端に見るくらいなら見ない方がずっと効率がいい**

「生まれ変わったら」なんて一番嫌だ。生まれ変わる前にやれ。今やれ。すぐやれ。この場でやれ。そしたら明後日くらいには何かできている。そう思う。そしてそうしている。

調教タイム。これは、**ほぼ見ない**。見る効果もあるとは思う。だが、よほど調教を常に見る癖をつけないと無理だ。

スプリンターなどの短距離馬はよく動いたりもするから、それが余計に「見方」を難しくしてくる。逆に恒例のマラソンランナーあたりは、調教であまり動かなくても、いつも通りに好調だったりする。

要は、「よく動いた」とか「よく動かなかった」ではなく、**大事なのは「普段の動きと違うかどうか」**。つまり、調教を重視するかどうかは「そこまでガッツリ調教というファクターと向き合うライフスタイルの競馬ファンになるかどうか」ということだと思う。とても……。そう、とても本書のテーマに合っている話かもしれない。

僕は思う。

**〝ひとつのファクターを、中途半端に見るくらいなら、見ない方がずっと効率がいい。〟**

メッタクソ見るか。ほぼ見ないか。

このくらい極端な方が、年間を通じた成績でいえば、勝つ馬は見える。

本書は『取捨選択の技術』をテーマにした本。情報過多の時代。情報メタボの時代。捨てるファクターはビシッと捨てましょう。普段見ないファクターを見る暇があるなら、普段見るファクターをもっともっと突き詰めて見てみましょう。そういうことだ。

人は死んでも生まれ変わらない。無駄なやらないことを捨てて。やりたいことを今すぐやるんだ。

## 坂上明大
## どこをどのように見るか

### タイムと併せて
### コース や本数、強度などの調教パターンを見るのが良い

2011~2012年に坂路コースでの自動計測が開始され、2021年後半からは美浦、栗東ともにウッドコースでの自動計測もスタート。私自身が栗東トレーニングセンター

でトラックマンとして採時していた時から精度への限界を感じていただけに、自動化により調教タイムの価値は以前より高まったのではないだろうか。

それでも、ほとんどの人にとっては調教タイムの価値は低いと考えている。

調教タイムを重視する人のほとんどは、調教タイムが速い＝好調、と考えているようだが、それを正とするには常に一杯の調教を行い、調教コースの馬場差も正しく設定する必要がある。馬場差については自動計測により以前よりも精度の高い数値が設定できるようになったが、より速い調教タイムを出すことを目的とする陣営はおらず、むしろ速すぎることを気にするコメントが出ることも珍しくない。前提条件が崩れている以上、少なくとも、**調教タイムが速い＝好調、という考えは捨てるべき**だ。

調教を予想の参考資料とするなら、**タイムと併せてコースや本数、強度などの調教パターンを見る**のがいいだろう。コースや本数、強度はいつもと同じか、手応えはどうか、そしてタイムがどうか。コース調教がメインの馬が坂路調教ばかりしていれば脚元に不安を抱えている可能性が高いし、馬なり調教がメインの馬が最終追い切りでも一杯に追っていれば太目残りを心配した方がいい。同じ調教タイムを出すのでも馬なりと一杯では評価が大きく変わり、折り合いを欠いたことで速い時計が出てしまったのならば評価を下げる必要がある。

追い切り時以外の様子も取材・観察しているトラックマン、調教タイムを機械的に集計している予想家やＡＩ以外は、好調時との比較程度の取り扱いが無難だろう。

テーマ 23

# 関東の厩舎、意識する厩舎はどこか

**本島修司**
**どこをどのように見るか**

## 堀厩舎は「狙いすましてキッチリ仕上げてくる本物」

堀厩舎だ。２０２３年もダービー制覇があったが、以前から関東は堀厩舎を一択というほど「一強」といってきた。リアルインパクト、ドゥラメンテ、モーリス、サトノクラウンを育てた手腕はいうまでもないが、狙いすましてキッチリ仕上げてくる本物の調教師という認識を持っている。「牡馬に強い厩舎」ともいわれているが、牡牝に関係なく、キッチリ仕事をしてくる。2023年はタスティエーラのクラシック3戦が見事だった。

キャロットクラブの馬を中心に見ていると、よくそういったことを感じる。ネオリアリズムは香港GⅠ馬になったが、この馬など、堀厩舎+モレイラのタッグでなければGⅢ勝ちくらいまでしかいけなかったのでは……と思うほどだった。

以前、クルミネイトという馬がいた。ディープインパクト産駒で、姉がオークス3着馬のクルミナル。良血の高額馬だ。しかし、鳴かず飛ばず。というより体質も問題があったようで未勝利戦までに、レースに出ることができたのは2回だけ。1回目は未勝利戦で14着。普通、一流調教師であればあるほど、こういう馬は〝見捨てたっぽい扱い〟になる。しかし、未勝利戦があるギリギリの8月25日という時期に、堀調教師は、「1戦して14着の馬」に、〝作戦をたっぷり詰め込んで〟札幌の〝芝2600mに、香港の若き名手ティータンを乗せて、一発勝負に出た。スタミナを活かす指示を提示していたと思われ、長く追われたクルミネイトは3着。モノにならないかと思われた馬が、なんと3着。結局、この馬は未勝利に終わるのだが、ここで3着を拾わせたことにより「未勝利馬ながら現役続行」

が決まり、競走生活が伸びた。この堀調教師の仕事ぶりのおかげで、休養後、未勝利の身ながら1勝クラス（旧500万クラス）でも、2着、3着と、十分に競馬になった成績を残した。

リリーバレロという馬を、未勝利戦ギリギリで勝ち切らせた手腕も見事だった印象がある。

他では、**手塚厩舎**には「無難に仕事をしてくる」イメージ。定年が近くなってきた**国枝厩舎**はアパパネ、アーモンドアイなど、一般の競馬ファンと同じように「牝馬の国枝」というイメージでいいと思う。

坂上明大

## どこをどのように見るか

### 予想材料として厩舎を意識する価値はほとんどない

特に意識する厩舎はない。

そもそも、厩舎という単位で考えることにどれだけの意味があるのだろうか。確かに、調教師の名が厩舎の名となり、調教師の考えが厩舎の基本方針となる。ただ、スタッフが変わればクオリティが変わり、牧場との関係性によっても調整パターンは大きく異なるだろう。そして、人間の考えというのはちょっとしたきっかけで大きく変化し、美浦だけでも100弱もある厩舎の特徴を追い続けるためには相当な労力が必要だ。それでいて、競馬ファンレベルで得られる情報といったら騎手との相性や条件別の成績程度。それらについても、サンプル数が少なかったり、厩舎の特徴なのか馬主や生産者の特徴なのかが不明確だったり……。よっぽど内部の情報を知った人間でない限りは、**予想の材料として厩舎を意識する価値はほとんどない**、というのが私の考えだ。

もちろん、そういった妄想を競馬の楽しみのひとつとしているなら否定はしないが、予想において過剰に重視することはおすすめしない。

テーマ
24

# 関西の厩舎、意識する厩舎はどこか

本島修司

## どこをどのように見るか

### 仕上がりにオーラがある中内田厩舎

中内田厩舎。関西の方が良い厩舎が多いが、まずはここだ。「中内田調教師×川田騎手」のタッグの勝率の凄さはいうまでもないが、中内田厩舎の馬には往年の藤沢厩舎のように**仕上がりにオーラ**がある。リバティアイランドで遂にナンバーワンホースを手にして、まさに天下を獲ったという感じもある。一部で早熟馬が多いといわれていたが、個人的にはその点はあまり気にならなかった。セリフォスもグレナディアガーズもよく走っている。グレナディアガーズは「小さな成長力不足でGⅡの馬になっている」がこれは単に個体の問題。

トップステーブルの**矢作厩舎**も、もちろんマークしたい。ただ、ここはちょっと、休み明けからキッチリとまでは仕上げてこない印象がある。ラヴズオンリーユーのブリーダーズCF&Mターフ制覇だけではなく、個性派の大逃げパンサラッサ、バスラットレオンは広尾サラブレッドクラブの馬。ノーザンのスタッフがやっているわけではない。つまり「矢作師の腕でああなっている」わけだ。この、社台系、ノーザン系以外の馬も活躍させてしまう調教師は腕がいいという見方は持っておくといいだろう。

例えば、キタサンブラックを育てあげた**清水久厩舎**。ハードトレーニングの厩舎だが、ノーザン系キャロットから地味な存在のメールドグラースでも成功を収めた。同じ原理で、**杉山晴厩舎**はデアリングタクトを育てた後に、ノーザン系からジャスティンパレスを出した。このように「ノーザン系以外でも上手く連鎖する厩舎」は強い。

他にも、関西はビッグレースに強い厩舎が多い。**藤原厩舎**は「一発、狙いすましてＧⅠを取りにくる感じ」とか、**友道厩舎**は「日本ダービー路線で強い」とか、**安田隆厩舎**は「スプリンターばかりになる」とか、このあたりは一般的なイメージのままでいいと思う。

**坂上明大**

## どこをどのように見るか

### 関東の厩舎よりは意識するもキャリアの浅い若駒ぐらいか

栗東でトラックマンとして働いていただけに関東の厩舎よりは意識する。

**友道康夫厩舎**はコース調教を多く取り入れており、ストライドのよく伸びた綺麗な走りをする馬が多い。そのため、芝中長距離馬の育成を得意としており、特に東京などの直線の長いコースでは驚異的な好走率を誇る。マカヒキ、ワグネリアン、ドウデュースという3頭の日本ダービー馬がその代表だ。坂路調教をメインとしている安田隆行厩舎や森秀行厩舎などはその対極といえ、ピッチ走法のスピード馬が多い。

**矢作芳人厩舎**の連闘馬の成績が良いことは有名で、連闘に限らず使って調子を上げる傾向にある。連闘でGⅠ制覇を果たしたモズアスコットの2018年安田記念は強烈だった。

ただ、これらも厩舎の特徴なのか、馬主や牧場の特徴なのか、評価が難しい。また、重賞だけなら上位厩舎だけ追えばいいが、平場の予想となると数厩舎の特徴を理解しただけでは予想がまとまらない。**キャリアの浅い若駒ぐらいは厩舎ごとの得意不得意**を気にしてもいいが、古馬ともなれば各馬の過去の走りを見直した方がよほど予想の役に立つだろう。

テーマ25

# 天栄系の馬、どう見るべきか

**本島修司**

## どこをどのように見るか

**奇抜なローテーションに「チャレンジ」させられているのかも**

奇抜なローテーション。

そんな天栄系の馬をどう見るか。ひとことでいうと、『奇行』が目立つ。そのひとことに尽きる。

イクイノックスが、東京スポーツ杯2歳Sから、なんと皐月賞にぶっつけ。

オープン特別を勝っただけの段階のサリエラが、凱旋門賞に登録。

フィエールマンが有馬記念から、天皇賞・春にぶっつけ。

3つ目の事例、フィエールマンは理に適っているローテーションであり「成功してしかるべき」ローテーションなのだが、それ以外はどうか。

馬の慢性的経験値不足を生んだり、単純に意味不明だったりする。

しかし、それらに「ちょうどいい理由付け」がなされているから、どうにも始末が悪いように見えてくる。疲労が恐いだの。休ませた方がよくなるだの。馬は言葉をしゃべらない。便利だな。

最初はノーザンファーム全体の使い分けの一環かと思っていた。だが、最近ではどうもそれだけではないような気もしてきた。

単に、やってみたい。実際にそう思っているかどうかは別として、単に外厩がやってみたいような雰囲気すら感じる。馬には迷惑だが。

フィエールマンの「有馬記念・4着→天皇賞春・1着」は、昔、サクラローレルもやったローテーション。中・長距離ＧＩを転戦しているだけなので、実例が少ないだけで、理に適っている。単複を買った。

だが、他は違う。馬が不利なローテで挑むことに〝チャレンジ〟させられている。

一番警戒したいのは、菊花賞参戦組の上がり馬。２勝や３勝クラスを勝ち負けしたら、きちんとステップレースの重賞を挟まないといけない。そうしないと、馬がいきなりの３０００ｍのＧＩで、びっくりして力を出せない。

繰り返すが、奇行のようなローテーションには、だいたいそれらに「ちょうどいい理由付け」が、同時になされているから、本当に始末が悪いように思えてしまうのだ。

そうか、そんなもんかと、競馬素人が頷いてしまうような。

どっかの占い師が、あの子がまたここに来たくなる、そんな台詞を吐くような。

## 坂上明大
## どこをどのように見るか

### 連携度の高い美浦は外厩ありきの調整法
### そのため美浦所属馬の方が休み明けに強い

ノーザンファーム天栄は施設とスタッフに恵まれた素晴らしい外厩だ。

ただ、それ以上でもそれ以下でもなく、予想の場面においては「**間隔が空いても仕上がりが良い**」ということくらいしか意識することはない。比較的オープンに情報が出てくる厩舎ですら特徴を掴むのが難しいというのに、ほとんど情報が出てこない外厩情報を予想に活用するのは妄想の域を出ないと考えるからだ。

しいていうなら、**栗東よりも美浦の方が外厩、特にノーザンファーム天栄との連携が強い**と感じる。そのため、外厩で仕上げてくるケースも多く、**外厩ありきの調整法**を施す厩舎も少なくない。

データは「ノーザンファーム生産馬の間隔別成績」を東西で比較している。もちろん美浦所属のノーザンファーム生産馬がすべて天栄に入るわけではなく、栗東所属のノーザンファーム生産馬が全馬しがらきに入るわけでもない。中3週以内であっても外厩施設を活用するケースもある。ただ、**東西の外厩連携度を推測するデータのひとつ**としては有用だろう。

【中3週以内】
美浦所属馬：勝率10・3%　複勝率27・2%
栗東所属馬：勝率9・8%　複勝率29・6%

【中9週以上】
美浦所属馬：勝率11・7%　複勝率29・9%
栗東所属馬：勝率10・2%　複勝率27・4%

データを比較すればわかる通り、**美浦所属馬の方が休み明けに強く、栗東所属馬の方が間隔を詰めた時の成績が良い。**休み明けは外厩施設の影響が強いと推測でき、在厩調整では当然厩舎の技量が問われる。したがって、美浦の厩舎の方がノーザンファーム天栄との連携度が強く、一般的なローテーションにとらわれない使い方が目立つのもそのためだ。

テーマ 26

# しがらき系の馬、どう見るべきか

## 本島修司 どこをどのように見るか

### 食指が動くのは「しがらき」の馬

少数の成功例より、大多数の失敗例の方を見る。そこに本質があるからだ。そう見ると、天栄よりは「**しがらき派**」となる。

先でも少し触れたが、天栄は小さな失敗例が多すぎる。

少し前だと、新馬勝ちの後、何もできなかったシェドゥーヴル。最近だと、ゲート事故があったルクスグローリア。波紋を呼んだグレートマジシャン。こういう事例が多い。

いずれも、若手調教師＋天栄のタッグだが、しがらきの場合、〝推し〟と思われる二大若手の厩舎、**池添調教師**がなかなかブレイクできないながらも長く馬を走らせる厩舎として個性を確立、**斉藤崇調教師**はクロノジェネシスを立派に〝やり切って〟以降は、濃い一口馬主のファン界隈でも「今では、むしろプラス厩舎かも」として認識されている。

美浦の天才・堀調教師が、関東の厩舎としては絶対に天栄を使わないことで有名だ。スティエーラの日本ダービーの前だけは天栄を使ったが、どうも、しがらきのスタッフが同行したらしいというハナシも、競馬ファンの大きな話題になっていた。

競馬の分析作業では、「天栄だから買わない」ということはない。

ただ、一口馬主などの際には、強いオープン馬が当たる確率は低いのだから、弱い馬を引いた際に「弱い馬のよくあるイチ失敗例」になりたくないぶん、**しがらきの馬の方に食指が動く。**

**坂上明大**

## どこをどのように見るか

### 栗東は厩舎ごとの特色を重視

基本的な付き合い方は天栄系の馬と変わらない。施設とスタッフに恵まれた素晴らしい外厩であり、間隔が空いても休み明けを感じることは少ない。

ただ、「天栄系の馬、どう見るべきか」で書いた通り、美浦の厩舎の方がノーザンファーム天栄との連携度が強いと感じ、反対に栗東の方が厩舎の影響力が強いと認識している。

これは、上位厩舎のノーザンファーム生産馬率が低いことからも予想がつく。2020年以降の勝利数上位5厩舎とノーザンファーム生産馬の勝利数上位5厩舎を比較すると、美浦では4厩舎が同じなのに対し、栗東では友道康夫厩舎のひとつしかない。これには、ノースヒルズの影響も大きいだろうが、**ノーザンファームの外厩ありきの使い方が美浦よりも少ない**ことは間違いないだろう。

【栗東】
全体：1位 矢作　2位 中内田　3位 杉山晴　4位 友道　5位 清水久
ノーザンファーム生産馬：1位 友道　2位 須貝　3位 安田隆　4位 斉藤崇　5位 池添学

【美浦】
全体：1位 国枝　2位 堀　3位 手塚　4位 斎藤誠　5位 木村
ノーザンファーム生産馬：1位 木村　2位 国枝　3位 堀　4位 宮田　5位 手塚

# 第6章

# 「新時代の血統、新しい種牡馬」見るべきポイント

テーマ 27

# アメリカの快速ドレフォン、マインドユアビスケッツ 付き合うか、否か

**本島修司**

## どこをどのように見るか

**ともにダート　スピードのドレフォン**
**パワーのマインドユアビスケッツ**

付き合う。**ドレフォン産駒**は皐月賞馬、ジオグリフを出してしまったことで、2022年～2023年にかけて、ズラリとノーザンファームの豪華な繁殖牝馬が用意されている。

当然、数年後に強い産駒が誕生する。ただ、皐月賞馬が出たとはいえ、芝の中距離血統とは思わない。ジオグリフは異端。ドレフォンはテイルオブザキャットの産駒で、ストームキャット系。つまり、ダートのスピードタイプだ。早熟の気もある。芝馬は限界があると思うが、ジオグリフの『皐月賞制覇』の金看板より、**カワキタレブリーの『NHKマイルCで3着健闘』**の方が、よっぽど現実味がある。大出世はしないがこのカワキタレブリーは堅実な馬だ。ドレフォンは本来、ダート向きの短距離種牡馬のはず。コンシリエーレ。デシエルト。この2頭の実績通り『東京ダート1400〜1600m』は鬼に金棒。鬼になるドレフォン。

一方、**マインドユアビスケッツ**はどうか。こちらはシルバーデピュティ系。クロフネはメイショウベルーガを出しつつも、ノボジャックなど**ダート馬が中心**。ドレフォンより重厚で軽快さがない走りで、とても対照的だ。社台もフレンテピュティの後釜としてアメリカから導入したのだろうし、ここまで期待通りの走り。ほぼダート血統。芝馬は先行力はあるが切れ味がない。デルマソトガケがUAEダービーを勝ち、ケンタッキーダービーの舞台に立った。ダート中距離で活躍。そのイメージのままの扱いで間違いない。

スピードのドレフォン。パワーのマインドユアビスケッツ。そういうイメージ。

**坂上明大**

## どこをどのように見るか

### ドレフォン産駒の主戦場はダート
### マインドユアビスケッツは自身のイメージに反した万能型

ドレフォンはBCスプリントなどダート短距離GⅠを3勝したスピード馬。ストームキャット系ということからも産駒のデビュー当時は父の成績同様にダートの短距離が主戦場と考えられていた。ところが、初年度産駒からジオグリフ（2022年皐月賞）、カワキタレブリー（2022年NHKマイルC3着）などが出たことで芝での評価が急上昇。ダートの重賞勝ち馬がいまだ出ていないことから芝種牡馬と評価されることも少なくない。

ただ、**ドレフォン産駒の主戦場がダート**であることは忘れてはならない。確かに、テイルオブザキャット系は芝の一流馬も多く出す父系であり、父父 Gio Ponti がその代表例といえる存在だ。社台ＳＳで繋養されていることから芝血統の繁殖牝馬と交配されることが多いことも芝での活躍に繋がっているだろう。ただそれでも、好走率はダートの方が圧倒的に高く、ジオグリフの皐月賞制覇後は評価のズレから**ダートでの回収率が大幅に上昇し**てもいる。オールラウンド種牡馬であることは間違いないが、主戦場がダートであることは忘れてはならない。

マインドユアビスケッツもダート短距離ＧⅠを3勝した社台ＳＳの繋養種牡馬だ。本馬はデルマソトガケというダートＧⅠ馬を輩出しているが、芝でもホウオウビスケッツやショーモンが重賞で上位入線を果たしている。ドバイゴールデンシャヒーンでの強烈な末脚は典型的なダート短距離馬とは異なり、柔らかいフットワークからも**芝適性は高い**と見ていいだろう。さらに、仕上がりが早く、2歳戦から高いパフォーマンスを発揮。機動力にも優れ、距離にも融通が利く。現役時代の実績からダート短距離のスペシャリストというイメージが強いが、種牡馬としては**イメージに反した万能型**だ。

テーマ28

# アメリカの王道 ブリックスアンドモルタル ニューイヤーズデイ 付き合うか、否か

本島修司

## どこをどのように見るか

**ブリックスアンドモルタルは芝ダートどちらかまだ不透明**
**ニューイヤーズデイはダート色が濃そう**

ブリックスアンドモルタル。もちろん付き合う。社台にすれば、これが〝本丸〟だろう。アメリカ芝中距離のチャンピオン。ただ、ジャイアンツコーズウェイ系で「詰めが甘い」「ワ

ンペース」にはなりそう。大物種牡馬だから、即、これが『クラシック血統』と思い込んだりさえしなければよい。付き合える。芝路線で期待の大きい種牡馬なのだろうが、ワンペースなダート馬も多く出そうだ。問題点は、この「ジャイアンツコーズウェイ系ワンペース症候群」が、代を重ねてどこまで解消されているのかだけ。

期待の芝中距離馬が出るのか、それとも、期待よりダートに寄るのか。

ジャイアンツコーズウェイ産駒の日本での代表格はエイシンアポロン（ワンペースなマイラー）であることは念頭に置きつつ、次々に出てくる産駒たちを見ていきたい。

**ニューイヤーズデイ**。そこそこ、付き合う。ストリートクライ産駒で、マキャベリアン系。日本では思いっきりダート馬が出そうだが、どうか。ストリートクライの代表産駒はディサーニングなど。ダート1200mの馬だ。マキャベリアンは芝馬も輩出していたが……。グラスボンバー。コクトジュリアン。なつかしい。代を得て、ニューイヤーズデイはけっこうダート色が濃そうに感じる。「切れる脚を使う感じ」はしない。気性は良いはず。安定している馬がいれば狙っていく、という感じで見ている。

**坂上明大**

## どこをどのように見るか

### ブリックスアンドモルタルは小回りコースの中距離型
### ニューイヤーズデイはマイル以下中心に馬場は不問

ブリックスアンドモルタルはＢＣターフなど芝9〜12ハロンの北米ＧⅠを5勝し、2019年米年度代表馬にも輝いたジャイアンツコーズウェイ系種牡馬。母Beyond the WavesがHyperionやPrince Johnなどのスタミナ血統を重ねた配合形で、種牡馬としても**父譲りのパワーと機動力、母譲りのスタミナ**を産駒に伝えている。

日本では瞬発力をどう補強するかが課題だろう。執筆時点ではＪＲＡで6勝を挙げているが、勝利時の上がり3Ｆ最速は34・3秒と遅めで、いずれも4角4番手以内からの粘り込み。社台系の良血牝馬が集まってのこの成績であり、今後も**瞬発力が課題**になることは間違いない。**小回りコースの中距離戦**が主戦場となりそうだ。

ニューイヤーズデイは2013年BCジュベナイルを制し、3戦2勝で種牡馬入りしたマキャベリアン系種牡馬。本国では2019年米3歳牡馬チャンピオンMaximum Securityなどを出しており、種牡馬としてのポテンシャルはすでに証明済みだ。日本での初年度産駒は執筆時点で3勝と詰めの甘さが目立つが、複勝率は非常に高く、回収率では単勝、複勝ともに100%を優に超えている。マキャベリアン系らしく**スピードに優れ、瞬発力勝負への対応力**も水準以上。**マイル以下を中心に馬場を問わず活躍馬**を輩出してくれるだろう。

配合面での注目はトニービンとの組み合わせ。ニューイヤーズデイの父ストリートクライがトニービンとの相性が良く、3頭の勝ち馬はいずれも母方にトニービンの血を持っている。**ニューイヤーズデイ×ハーツクライ**（父サンデーサイレンス×母の父トニービン）は後々ニックス配合と呼ばれる可能性が高い組み合わせだ。

テーマ29

# これぞニッポンの良血 レイデオロ サートゥルナーリア 付き合うか、否か

**本島修司**

## どこをどのように見るか

**レイデオロは2期生からの巻き返しを**
**サートゥルナーリアは芝ダ不問でマイルが似合う**

レイデオロ。付き合う予定だ。キングカメハメハの正統派牡馬の2大巨頭はドゥラメンテとレイデオロだ。ともに日本ダービー馬。ドゥラメンテ産駒は当然の大活躍で、GI・

3勝馬のタイトルホルダー、2冠牝馬のスターズオンアース、そして『豪脚お嬢さん』でお馴染みリバティアイランドを輩出中。早くに死んでしまったのが本当に惜しい存在だった。そのぶんまでキングカメハメハ系を大きく広めなければいけないのが、もう1頭のキングカメハメハ産駒の日本ダービー馬、レイデオロとなる。母がラドラーダ。お婆さんがウインドインハーヘア。初年度産駒は様子を見ながらだが、買ってもいい。新種牡馬の定番だが「最初は昇級戦に苦戦する」。案の定、1期生は苦戦中で、評判は悪いが……。2期生あたりから巻き返して、クラシック血統として定着する可能性はあると思う。

**サートゥルナーリア**。もちろん付き合う。ロードカナロアの牡馬の最良駒。母シーザリオ。スピードタイプの中距離馬で、この手のタイプも成功は間違いないところ。産駒は、ここで「キンカメ系の定番チェック事項」である「素軽い馬」とだけ付き合うのがいいかもしれない。ズブいタイプはあまり信頼したくない。いわゆる、「2500mくらいまでなら、距離が伸びれば伸びるほど良い、クラシック血統」ではないはず。**芝のマイル~中距離血統**になりそう。ダービーの距離は微妙だが、桜花賞、皐月賞あたりまではクラシック戦線にも乗ってきそう。マイルはかなり強そうだ。優秀なダート馬もたくさん出そうで、これは東京ダート1400〜1600mが似合うイメージ。

坂上明大

## どこをどのように見るか

### 芝とダート問わず機動力に優れたレイデオロ
### サートゥルナーリアはアウトブリードの繁殖牝馬との配合が理想

2017年日本ダービー馬レイデオロ。2代母はディープインパクトの半姉、父は名種牡馬キングカメハメハという現在の日本競馬を代表する2つの血筋を引いた良血馬だ。

レイデオロの武器は**機動力とパワー**。Tom Foolの血を代々注入してきたため、ピッチ走法で小脚が利く。また、3代母ウインドインハーヘア以外は芝とダートを問わない万能血統のため、本馬自身もダートをこなせていた可能性は高い。種牡馬としてもこれらの特徴を産駒に伝え、**芝・ダートを問わず機動力に優れた活躍馬**を多く輩出するだろう。

ちなみに、レイデオロ×ディープインパクトをはじめとしたウインドインハーヘアのインブリードを持つ配合形が積極的に組まれている印象だが、名繁殖牝馬の近親交配だけに大きな可能性を秘めていることは間違いない。ただ、晩成型中長距離馬に出やすい仕掛けではあるため、**適性や成長スピードには注意が必要**だ。

名牝であり名繁殖牝馬でもあるシーザリオの仔、サートゥルナーリア。半兄エピファネイアが種牡馬として多くのGI馬を出し、3／4同血の兄リオンディーズも幅広いカテゴリーで重賞勝ち馬を輩出。初年度産駒のデビュー前ではあるが、種牡馬としての失敗はまず考えられない。エピファネイアとともに日本の芝中距離路線を牽引する種牡馬となるだろう。

配合面で注意したいのは繁殖牝馬との相性。シンボリクリスエス産駒のエピファネイアは繁殖牝馬をさほど選ばなかったが、キングカメハメハ産駒のリオンディーズは自身がNorthern Dancer の血を5本持つため、収得賞金上位10頭中8頭は Northern Dancer のインブリードを持たない繁殖牝馬との組み合わせ。ロードカナロア産駒の本馬も同様の配合傾向になる可能性は高く、**アウトブリードの繁殖牝馬との配合**が理想だ。

テーマ 30

# 新風を巻き起こす！ サトノダイヤモンド リアルスティール 付き合うか、否か

**本島修司**

## どこをどのように見るか

**サトノダイヤモンドは「登り詰める馬」と「あまり登り詰めない馬」に二極化**
**ディープブリランテにイメージ被るリアルスティール**

サトノダイヤモンド。産駒によっては付き合う。初年度産駒から、牡馬はサトノグランツが京都新聞杯を勝って、日本ダービーに参戦、神戸新聞杯にも勝った。牝馬ではシン

リョクカが桜花賞とオークスへ出走した。滑り出し、上々。これらは初年度産駒の話なので、これから変わってくるかもしれないが、ちょっと産駒によって「**登り詰める馬**」と「**あまり登り詰めない馬**」に分かれる感じがする。走法は胴長で大跳び。適性はディープインパクト系の中では『中〜長距離』にあると思う。特に牡馬は、距離が伸びて良さそうだ。

**リアルスティール**。それほど、付き合わない。初年度産駒は、オールパルフェ、トーホウガレオンあたりが頑張ったが、目立つ活躍はなかった。母がラヴズオンリーミーで、姉がブリーダーズCF&Mターフを勝ったオークス馬、ラヴズオンリーユーなので血統的には筋が通っているが……。リアルスティール自身の爆発力のなさは、どうも産駒も似ているように感じる。オールパルフェの〝頼りなさ〟は、「初年度産駒だから」なのだろうか。陣営が自信を持っていそうだったフェイトも不発のまま。フェイトの姿は初年度産駒にありがちではあるが、目立つのはレースセンス。坂は、あるよりもない方が切れ味を出せるかもしれない。ただ、絶対買わないということはない。平坦がいいか。レーベンスティールはいい馬で、これは平坦や急坂ではない方が良さそうだが、セントライト記念も勝った。ディープインパクト系にありがちな『急坂は経験値が増えると気にしなくなる』のかもしれない。それでも、ツメの甘い産駒が出てくれれば「平坦コースならどうか」という視点はアリだと思う。**種牡馬・ディープブリランテとイメージが被る。**手を出すなら、目立つ実力馬限定でいきたい。

## 坂上明大
## どこをどのように見るか

**サトノダイヤモンドは中長距離中心の機動力型**
**リアルスティールは万能タイプ**

サトノダイヤモンドは最優秀3歳牡馬のタイトルを獲得しているが、GⅠ勝ちは菊花賞と有馬記念の2つ。フランス遠征後の立て直しが上手くいかなかったため早熟のレッテルを貼られてしまったが、大種牡馬ディープインパクトと4～5歳時に亜GⅠを3勝した名牝マルペンサとの間に生まれた仔という血統背景を考えれば、**早熟説は否定**せざるを得ない。

種牡馬としても、初年度産駒のデビュー当時は勝ち上がり率の低さから種牡馬としての資質を疑う声が大きかったが、シンリョクカが阪神JFで2着、サトノグランツが京都新聞杯、神戸新聞杯を制すなど徐々に活躍が目立つようになり、勝ち上がり率も上昇。**芝中長距離を中心に機動力型の活躍馬**を多く出してくれるだろう。超良血馬の本領発揮はここからだ。

リアルスティールはデビュー前から最も期待していた良血種牡馬。自身のGⅠ勝ちは2016年ドバイターフの1勝のみだが、きょうだいには国内外のGⅠを4勝した名牝ラヴズオンリーユーなど活躍馬多数。さらに、母母Monevassiaは名種牡馬Kingmamboの全妹という良血馬で、その母は歴史的名マイラーMiesqueという超がつく良血馬だ。クラシック路線はもちろんのこと、Monevassia=Kingmamboの万能性から**幅広いカテゴリーでの活躍**が期待でき、Monevassia=Kingmamboの全兄妹クロスにもロマンが詰まっている。

今のところ期待以上とはいえないものの、オールパルフェ（デイリー杯2歳S）とレーベンスティール（セントライト記念）という2頭の重賞勝ち馬を出し、勝ち上がり率も優秀。ダートでの好走率も非常に高く、複勝回収率は100％を優に超えている。肌馬によって適性は大きく異なり、今後も**さまざまなタイプの活躍馬**を輩出してくれるだろう。

テーマ 31

# 渋い産駒が多数！ デクラレーションオブウォー サトノクラウン 付き合うか、否か

**本島修司**

## どこをどのように見るか

**「粘りがあるスピードタイプ」のデクラレーションオブウォー**

**日本の芝に合うマルジュの最後の大物サトノクラウン**

デクラレーションオブウォー。注目したい。付き合う予定だ。日本導入の初年度からトップナイフがクラシック戦線に乗って台風の目に。タマモブラックタイがファルコンS

勝ち。サトノヴィレも堅実。この種牡馬の正体は、ウォーフロント産駒で、遡るとダンジグ系。かつてのダンジグの日本での産駒は、マグナーテン。アグネスワールド。ビコーペガサス。日本の芝向き、快速外国血統。成長力も、まずまずある。産駒によっては、かなり長く活躍する。デクラレーションオブウォー産駒は、見ていて「**粘りがあるスピードタイプ**」。例えば、同じ快速でも、アメリカのストームキャット系などとは違う感じだ。単調ではなく、スピードが持続する。１２００〜１６００ｍを主戦場としながらも、距離は中距離、１８００ｍや２０００ｍまで誤魔化せる。マグナーテンを思い出せば大丈夫だ。

**サトノクラウン**。付き合う。すでに皐月賞でタスティエーラ（２着）と付き合った。社台ＳＳに入った中では〝隠し玉〟的な種牡馬だ。サトノクラウンはマルジュ産駒。このマルジュが**日本の芝に合う**。関西風にいえば「アホほど」合う。もともと、１９９９年のジャパンカップで、スペシャルウィークの２着に入った香港馬のインディジェナスを輩出。サトノクラウンが出てきたあたりでは、マルジュって何よ！？　と話題だったが「**生きていたマルジュ**」の最後の大物が、日本に来た外国産馬サトノクラウンだった。やや時計がかかる方が有利な芝の中距離血統。スピード血統ではないのに、初年度からブレイク。タスティエーラだけでなく、トーセンローリエもアネモネSを勝って桜花賞に出走。上がりのかかる方が競馬はしやすく、函館、札幌の洋芝も合いそうだ。

20年、競馬本を書いた。マグナーテンが走っていた頃からだ。なんだか長いことグッスリと寝ていて、妙な夢を見ていただけのような気がする。思いを馳せたその先の、ロマンチックな結末の。

## 坂上明大

## どこをどのように見るか

### 芝向きで短距離から長距離まで幅広いデクラレーションオブウォー ダービー馬を出すも苦戦傾向のサトノクラウン

デクラレーションオブウォーはWar Front系の英GI2勝馬で、英インターナショナルSなど芝のマイル〜中距離路線で活躍。さらに、種牡馬としては世界各国でGI馬を輩出しており、日本でも輸入前の産駒からはユニコーンS2着馬デュードヴァンなどが出ている。Danzig・Rahy・Gone Westなど俊敏で日本適性の高い血を豊富に持つため、競馬ファンのイメージ以上に**成功確率の高い**種牡馬だ。

ただ、輸入前の代表産駒やアメリカ産の種牡馬というイメージとのギャップには注意が必要だ。前述の通り、デクラレーションオブウォー自身は欧州の芝競馬で活躍し、産駒のGI勝ちも芝でのものばかり。特に日本の繁殖牝馬との間に生まれた仔はよりその傾向が強く、**ダート適性は低い**と見ていい。さらに、オーストラリアの芝3200mGI・メルボルンCの勝ち馬を出している通り**スタミナにも優れ、短距離から長距離まで幅広い距離カテゴリーでの活躍**が期待できるだろう。

War Front系らしい早熟性に優れ、芝向きの俊敏性があり、距離適性の幅も広い。サンデーサイレンス系ほどの瞬発力はないが、**小回りコースや道悪馬場**ではサンデーサイレンス系以上の走りを見せてくれるだろう優秀な種牡馬だ。

サトノクラウンは名繋殖牝馬ジョコンダⅡの持ち込み馬として誕生し、香港ヴァーズと宝塚記念という2つのＧＩタイトルを獲得。種牡馬としてもサンデーサイレンスの血を持たない血統構成が評価され、初年度には２０７頭の種付頭数を記録した。そして、その中から日本ダービー馬タスティエーラが誕生し、期待通りの活躍を見せている……と評価するのはなかなか難しいところだ。むしろ、同世代の有力種牡馬の中で**最も苦戦している種牡馬**といっても過言ではない。

　その理由のひとつが**勝ち上がり率の低さ**だ。社台ＳＳで繋養された同期種牡馬にはリアルスティール、マインドユアビスケッツ、サトノダイヤモンド、レッドファルクスがいるが、レッドファルクス以外の３頭は現３歳世代のＪＲＡでの勝ち上がり率が36・０％以上あり、２０２３年からレックススタッドでの繋養となったレッドファルクスでも27・１％。それに対して、サトノクラウンは22・２％という低水準で、安定して活躍馬を出せる種牡馬でないことは間違いない。特に**2歳戦では手が出しづらい**種牡馬だ。

# 第7章

# 「GIレース」見るべきポイント

テーマ32

# 2歳GⅠをどう見るか

## どこをどのように見るか

本島修司

**走るまではわからない　レースの中で見抜くことが重要**

2歳のGⅠで意識していること。まずキモとなるのは、「**馬はレースで走らせてみるまでわからない**」ということだ。馬体が良くてもやる気がなければ走らない。血統がよくても気性難だと走らない。

数年前、一口馬主で「3頭に1頭ペースでオープン馬を引く方程式」を開発した。個人的にこれを使って楽しんでいる。今、持っている3頭のうち1頭はオープン馬だ。だが、一口馬主のケースでも、牧場の評判や馬体はほぼ見ていない。〝そこ〟ではない要素でオープン馬を引く。今後も買う場合は引ける確信がある。馬主は「いかにハズレを少なく引くかの中で、あたりを引くか」だと思っている、もっというならば、走る前に決めるわけだから、おみくじだと思っている。僕は「ハズレクジを減らした箱の中から3回おみくじを引けば中吉が当たる」というイメージで方程式を開発した。ハズレを少なく引く中でオープン馬が当たると、やっていて楽しい。

話を戻そう。端的に書くと、デビュー前の馬にしろ、馬券でのキャリア1～3戦くらいの2歳馬にしろ「**牧場の評判**」をあまりアテにはしていない。**レースの中で見抜くものだ**と思っている。

トリッキーな乗り方で勝ち上がってきた無敗馬、コマンドラインには騙されない。体の小さくてパワー不足なステルヴィオの妹、ステルナティーアにも騙されない。買ったことがない。答えは「レースの中」にしかないことを知っている。

朝日杯FS、阪神JF、ホープフルSともに、キャリア1戦の馬を買うことはない。1戦では判断できない。判断材料が多い方がいい。ベースとしては、キャリア2戦の中で『**昇級戦で厳しくなった時にどう走れるか**』を見る。他では、GI別にいうと、朝日杯FSは『完成度+将来性、阪神コースでディープ系は重視』、阪神JFは『完成度+早熟性、阪神コースなのでこちらもディープ系は重視』、ホープフルSは『中山を意識してハーツクライ系とステイゴールド系をやや優勢に』と見ている。2歳戦はパスという人も多いかもしれないが、『取捨選択』という点でいえば、2歳GIは、ほぼ毎回買っている。

**坂上明大**

## どこをどのように見るか

### レースのレベルと経験値に目を向けたい

2歳戦ではまず、**どこに有力馬が集まるか**、を考えた方がいい。

何度も書いてきた通り、日本競馬の中心は芝1600〜2500mであり、2歳戦においても1400m以下やダートのカテゴリーレベルが低いことは変わらない。新馬戦勝ち馬のコース別次走勝率（2010年以降）を調べてみると、30走以上あるコースでは上位10コース中9コースが芝1600〜2000m、さらにそのうち6コースが直線距離400m以上のコースという並びに。また、2・3歳重賞勝ち馬の新馬戦でのコースを調べてみても、芝1600〜2000mでデビューした馬ばかりだ。新馬戦に限らず、**芝1600〜2000m、特に東京や中京、阪神や京都や新潟の外回りコースのレースレベルが高くなりやすい**ことは意識する必要があるだろう。具体的なレース名を挙げると東京ばかりになってしまうが、サウジアラビアロイヤルC、東京スポーツ杯2歳S、アイビーS、牝馬限定戦ならアルテミスSあたりが毎年ハイレベル戦になりやすいレースだ。

ただ、その一方で**レースの経験値**も非常に重要だ。2歳戦、特に新馬戦ではレースと調教がセットになっているため、スローペースでも折り合い重視で乗ったり、揉まれる競馬を避ける傾向にもある。**経験不足の馬が、GⅠの多頭数でのハイペース競馬で力を出し切れない**のは当然のこと。グランアレグリアのような名牝であってもコロッと負けてしまうのが2歳GⅠであるだけに、リスク面が軽視されたオッズには注意が必要だ。

ハイレベル戦を見極め、レースの経験値にも目を向けると、人気馬の不安点や隠れた実力馬を見つけられるかもしれない。

テーマ
33

# 3歳GⅠをどう見るか

**本島修司**

## どこをどのように見るか

**『追って味のあるタイプ』と『クラシック血統』を意識する**

3歳GⅠ。つまりクラシックのシーズンに向けてということになるが、全体的に『**追って味のある方**』と『**なるべくクラシック血統に近い方**』を買いながら、クラシック本番に向けて突き進んでいくイメージを持って挑む。2023年の牝馬戦線のように、リバティアイランドのような女王がいると、本番はこれの単複を買うことがほぼ決まっているわけで、その間、トライアルや重賞では他の馬を買うことになるが、そこでも「なるべくリバティアイランドに近づけるような馬」を買いながら、クイーンC、チューリップ賞、フィリーズレビュー、フラワーCと進めていくイメージだ。

具体的にはクイーンCで、ルーラーシップ産駒の阪神JF3着馬、ドゥアイズの復帰戦の単複を買い（2着）ながら、リバティアイランドに抵抗できる馬を探しつつ、全体像を見ていく。待っているのはリバティアイランドだ。チューリップ賞はこの年は買わず、フィリーズレビューは例年のように買わず、買うことも多いフラワーCもこの年は買わず、結果、特に目ぼしい新星はいないと感じ、桜花賞もオークスもリバティアイランドの単複を買った（1着）。その際、桜花賞ともオークスとも「レース展開の検証」などは、ほぼやっていないこれが**『馬単位』**という競馬にやり方になる。

各GI別でいうと、桜花賞は**『春の重賞をぶっちぎってきた新星』**か**『阪神JFの1〜3着馬』**を買うことが多い。オークスは『桜花賞組優勢で、桜花賞で2〜8着くらいで差し脚を使えていた馬でかつ距離延長がいい馬、阪神競馬場改修後はそこに桜花賞馬も含める』。

皐月賞は『**トライアルで一番強い勝ち馬、もしくは2000m戦を連戦して皐月賞の練習が済んでいる馬**』。日本ダービーは『**皐月賞1〜3着馬の中で、最も距離が伸びていい馬か、青葉賞ぶっちぎりの馬**』を買うことが多い。

さて、ここで重要になるのは「クラシック血統」の定義。クラシック血統とは「**追って味があること**」と「**距離がとりあえず2500mまでは、伸びれば伸びるだけいいこと**」と解釈してもらいたい。ルーラーシップも切れ味はないが、一応クラシック血統。ドゥラメンテはもちろんクラシック血統だ。

**坂上明大**

## どこをどのように見るか

### 2歳戦と視点は同じでも牡馬の方が幅広い万能性が求められる

3歳戦においても2歳戦と同じく、どこに有力馬が集まるか、レース経験は豊富か、という視点は非常に重要だ。

ハイレベル戦について**牡馬は芝1800〜2400mが基本**。特に**東京や阪神、京都**などはハイレベル戦になりやすく、直近10世代で5頭の皐月賞馬、3頭の日本ダービー馬を輩出する共同通信杯（東京芝1800m）はその代表格といえるだろう。

牝馬は時期によって異なり、**桜花賞まではとにかく芝1600mが強い**。目標レースの選択肢が多い牡馬はハイレベル戦もばらけやすいが、桜花賞以前の牝馬は阪神芝1600mで高いパフォーマンスを発揮するためのローテーションを組むことが多いため、芝1600mや直線の長いコースのレースレベルが総じて高い傾向にある。桜花賞までは**芝16**

**00m、または東京・京都外芝1400m**のレベルが高くなりやすいと覚えておきたい。桜花賞後はオークスに向かう馬もいれば、NHKマイルCや葵Sなどマイル以下に絞る馬も少なくなく、選択肢が広がる。目標とするレースによって最適なローテーションは異なるだろう。

また、牡馬と牝馬では三冠レースで求められる能力の幅にも大きな違いがある。牡馬は、皐月賞が典型的な小回り中距離コース・中山芝2000m、日本ダービーが日本の代表的コース・東京芝2400m、菊花賞が超長距離コース・京都芝3000mというバリエーションに富んだ3コースで行われる。それに対して牝馬は、桜花賞が阪神芝1600m、オークスが東京芝2400mというどちらも日本競馬を代表するコースで行われ、京都内回りの秋華賞もあくまで桜花賞とオークスの中間距離である2000mだ。三冠馬の誕生スパンからも、**牡馬の方が幅広い条件に対応できる万能性が求められている**といえるだろう。

テーマ
34

# 短距離GⅠ(マイル以下)をどう見るか

## 本島修司 どこをどのように見るか

**マイルGⅠでは中距離馬を買い、スプリントGⅠではマイル路線組を買う**

何度か書いてきていることだが、日本馬は世界的に見ても「中距離馬王国」。短距離馬の方が、やや弱い。そこでマイルGⅠでは**中距離馬を買う**ことが多い。安田記念だと**大阪杯**からの馬を買うことが多い。マイルCSだと**天皇賞・秋**からの馬を買うことが多い。

前述したが、やはりここで注意したいのは、安田記念とマイルCSではあまり「繋がりがない」ということだ。東京1600mのGⅠでは「1600m以上の距離適性を持つ馬たちの底力勝負」が求められる。京都芝1600mのGⅠでは「切れ味勝負」が求められる。サトノアラジンは安田記念だと末脚が爆発しやすくなり、マイルCSだと普通の馬になる。スーパーホーネットは安田記念だとイマイチでマイルCSだと自分の庭になる。こういうイメージ。グランアレグリアやインディチャンプのように、両方を勝つ春秋連覇をする馬は、「マイルの絶対的な王者クラス」だという解釈でいい。しつこいようだがこの定理をしっかり覚えておけば、好走馬の〝出し入れ〟が出来るようになる。

一方。スプリントGⅠでは、**マイル路線から「1200m路線に変更してきた馬」**を買うことが多い。グランアレグリア、レシステンシアあたりのイメージだ。近年だとナムラクレアやメイケイエールが頑張っていて、これからのスプリントGⅠではさらにミッキーアイル産駒が出走してきそうだが、彼女たちも桜花賞路線→スプリント路線へと、流れてきた馬だった。

ここで、現代競馬のスプリントGⅠで、今後、凄く重要になりそうな視点を。このミッキーアイル産駒。中山芝１２００ｍがあまり上手くない。世の中でも話題になっているかもしれない。つまり、スプリンターズＳの舞台だ。走れないというほどではないが。理由は「輸送で入れ込む」か「急坂」が苦手かのどちらか。おそらく、**中山の急坂が合わない**のだと思う。注意していきたい。ナムラクレアほどの実力馬でも、スプリンターズＳでは４歳で３着。高松宮記念は２着。どう見ても高松宮記念の時の方が迫力のある走りだった。今後、こういう現象はまた起きそう。

『取捨選択』でいうと、特にスプリント戦では「**勝負度合を小さく**」**する**ことが多い。１コーナーで失敗すると取り返す距離が足りないうえに、中距離路線の方がレベルが高いと感じるからだ。

## 坂上明大

## どこをどのように見るか

### スプリントGⅠは枠順バイアスが出やすく、マイルGⅠは地力の重要度が高い

日本の芝1200mGⅠは高松宮記念とスプリンターズSの2つ。2・3歳GⅠがないことからもわかる通り、**日本の芝スプリント路線の地位は比較的低い**といわざるを得ない。そのため、ピュアスプリンターの数が少なく層が薄いがゆえに、春秋GⅠの2レースともに同じような顔ぶれで同じような結果になることも少なくない。

反対に、芝1600mGⅠ(安田記念・マイルCS)はハイレベルな中距離路線からの参入も多いため、新陳代謝が激しく、レースごとに新たなスターが誕生しやすい傾向にある。2000年以降のスプリントGⅠでの複数回好走は34頭が86回、マイルGⅠでは29頭が72回。好走馬の次期成績なども考慮すれば、やはり**スプリントGⅠの方が春秋GⅠのリンク**がしやすいカテゴリーといえるだろう。

また、**スプリントＧＩの方が枠順バイアスが発生しやすい**という点も大きな特徴。中京も中山も芝１２００ｍコースは初角までの距離が短いため、出たなりに枠順や位置取りのバイアスを受けやすく、基本的には内前有利になりやすいのが芝スプリントＧＩのセオリーだ。反対に、マイルＧＩは初角までの距離も直線距離も長いコースで行われるため、ゲートによる有利不利が発生しにくいのが一般的。そういった意味では、**マイルＧＩの方が地力の重要度が高いカテゴリー**といえるのではないだろうか。

スプリントＧＩの穴馬は枠順や展開に恵まれての好走が多く、マイルＧＩは横比較が難しいがゆえの隠れた実力馬が穴を開けることが多い。どのファクターの重要度が高いかをカテゴリーごとに考えてみると美味しい穴馬を見つけられるだろう。

テーマ
38

# 中長距離GⅠをどう見るか

本島修司
## どこをどのように見るか

### 『王道型4歳馬』を中心に見る

芝の中距離。**日本馬の庭**だ。世界最強の芝馬たちが集うのが、日本の中距離GⅠだ。

ただし、**馬場のガラパゴス化はさらに加速**しているように感じる。

特に、東京と新潟の芝の速さは異常とも思えるほど。こんなタイムが出るのは、世界でも日本だけだろう。特にＧⅠが行われるので、東京コースでは注意したい。速い上がりタイムの攻防が苦手な馬というのは、どの時代にも一定数存在する。最近だとキセキ、ブラストワンピース、現役馬だとマイラーだがソウルラッシュ。

古馬を中心に各ＧⅠを解説していこう。大阪杯は阪神、というより内回りであることに注意して、『王道型4歳馬の中から「前に行ける馬」が有利』。天皇賞・春は『なんだかんだで、元・菊花賞1～3着馬が絡んでくる』。宝塚記念は『これまた、阪神内回りで、しかも非根幹距離の２２００ｍ、絶対王者のような馬が苦戦しながら勝つ舞台で、同じく非根幹距離で急坂がある有馬記念と直結性がある』。天皇賞・秋は『王道型4歳の強い馬が、一番強い競馬をする舞台』。ジャパンカップも『同じく王道型4歳馬の中から一番強い馬が日本総大将となって主役を張る舞台』。有馬記念は『トリッキーなコース。単純な強さだけではなく、中山巧者であることも加味しながら強い馬を買う舞台で、ここまでくると3歳の強い中山巧者も上位に絡んでくる』。

買うか否かという視点でいうと、**ＧⅠの中でも最もよく買うのが「中距離ＧⅠ」**だ。一番強い路線で、一番華があり、一番分析もやりやすい。

## 坂上明大
## どこをどのように見るか

### 舞台適性の重要度が高い　仕上げやローテーション、状態面にも注意したい

日本競馬の**中心である芝中長距離路線。**当然GⅠも数多くあり、2・3歳GⅠや牝馬限定GⅠも複数存在する。競馬場や距離もさまざま。そのため、レースごとに求められる適性が異なり、マイル以下の短距離GⅠと比べて**舞台適性の重要度が高い**カテゴリーといえるだろう。2・3歳戦や牝馬限定戦を除けば、上半期は大阪杯と天皇賞・春と宝塚記念、下半期は天皇賞・秋とジャパンCと有馬記念、という計6つのGⅠが行われる。芝3200mの超長距離戦・天皇賞・春やトリッキーな中山芝2500mで行われる有馬記念の特殊性は説明するまでもないが、同じ阪神内回りコースで行われる大阪杯と宝塚記念についても、前者は軽い馬場でのスローペース、後者は重い馬場でのハイペースになりやすく、200mしか距離が変わらないだけでも求められる適性は大きく異なる。東京競馬場で行

われる天皇賞・秋とジャパンCは比較的近い特色を持ったGⅠではあるが、マイル的なワンペースの競馬になりやすい天皇賞・秋とスローペースからの末脚勝負になりやすいジャパンCとでは要求される資質も微妙に違ってくる。能力比較も重要だが、**能力の方向性についても個性が出やすい**カテゴリーだ。

また、GⅠ競走が多いがゆえに大目標とするレースも十人十色。**どのレースでメイチに仕上げてくるか**、という視点も非常に重要だ。近年は大阪杯や天皇賞・秋を始動戦にする馬も少なくなく、海外GⅠも含めて各馬がバリエーションに富んだローテーションを組むようになった。他の路線よりも臨戦過程が複雑なため、**状態面についてもより精査**しなければならないカテゴリーといえるのではないだろうか。

テーマ36

# ダートGⅠをどう見るか

**本島修司**
どこをどのように見るか

## 交流ダートGⅠタイプと中央ダートGⅠタイプで区分する

フェブラリーSは東京ダート1600m、チャンピオンズCは中京ダート1800m。舞台がまったく違う。なので、違う狙い方を想定するかしれない。しかし、『**共通点**』を**探す方が上手くいく**と思う。やはり**交流ダートGⅠタイプと中央ダートGⅠタイプ**を、大きく2つに分けてしまうのがいい。**交流ダートタイプはスピードがあって前に行ける馬、中央ダートタイプは差し脚がウリ**のタイプだ。

両方で結果を出す馬が多い時代だが、「本質的にはこっちが合う馬」というイメージを固めておけば、年間を通じてその馬との付き合い方を間違えない。ルヴァンスレーヴ、中央ダートタイプ。テーオーケインズ、中央ダートタイプ。カフェファラオ、完全中央ダートタイプ。ウシュバテソーロ、中央ダートタイプ。ペリエール、中央ダートタイプ。こういうイメージだ。

中央と地方の垣根がなくなり、ダート路線が整備されてきた。これからさらに両方で結果を出すタイプは増えてくるだろう。それでも「分けてみる見方」は変わらない。

期待の「令和のトーシンブリザード」の異名を誇る、ミックファイアはどうだろう。中央でも期待したい。シニスターミニスター産駒なので、慣らせば中央ダートGIでも戦える可能性はあるだろうか。ただし。トーシンブリザードは地方の英雄だが、実は隠れた中央ダートタイプだったと思っている。フェブラリーSでは物凄い末脚で2着。その次走となったダントツ人気のダイオライト記念ではインテリパワーに完敗だ。

これまた地方の英雄だったフリオーソは、逆に地方交流重賞タイプだった。一度だけフェブラリーSで末脚を発揮して2着に突っ込んできたのを思い出す。

ミックファイアはどうなるか。夢がたくさん詰まった馬だ。トーシンブリザードとフリオーソ、どちらに似ていると思いますか？とよく聞かれる。

フリオーソだ。

今、なぜか、メイセイオペラが勝ったフェブラリーSのVTRを見たくなって見ている。

翌年、衰えかけたメイセイオペラがもう一度フェブラリーSに登場し、信じがたいハイペースを追いかけ回しながら2着に近い4着だったレースVTRも見ている。

ロマンチックな理由。その理由の始まりの最初。そんな不思議な時間だった。

**坂上明大**

## どこをどのように見るか

### フェブラリーSはスピードの持続力、チャンピオンズCは機動力が重要な資質

ＪＲＡのダート重賞は15レース。距離の内訳は１４００ｍ以下が2レース、１６００ｍが3レース、１７００ｍ以上が10レース。ＧＩにはフェブラリーSとチャンピオンズCの2レースがあり、東京ダ１６００ｍと中京ダ１８００ｍで行われる。つまり、**日本のダート競馬は１６００ｍ以上が主流路線**となっており、１４００ｍ以下のカテゴリーレベルは相対的に低いといえるだろう。また、ワンターン&短い直線のコースが多い１４００ｍ以下と１６００ｍ以上ではペースの差も大きく、特にフェブラリーSやチャンピオンズCでの１４００ｍ以下からの**距離延長馬は超低水準。同じ東京で行われる根岸S→フェブラリーS以外の距離延長馬は軽視が基本**だ。

また、ダート重賞は芝重賞ほど数が多くないため、特にＪＲＡ重賞はハイレベル戦にな

りやすく、純粋に戦ってきた相手関係を比較するだけでも馬券収支に直結しやすい。過去10年のJRAでのダートGⅠで前走ダートGⅠ組（地方・海外を含む）を買うだけでも単勝回収率107％、複勝回収率98％という高水準。2・3歳GⅠと同じく、**どこに有力馬が集まるか**、はしっかりと整理しておきたい。

ただ、求められる適性はフェブラリーSとチャンピオンズCとで大きく異なる。距離は200mしか変わらないが、コーナー数、コーナー角、直線距離などコースレイアウトの違いは大きく、**フェブラリーSではスピードの持続力、チャンピオンズCでは機動力が重要な資質**といえるだろう。

ダート路線で無視できないのは**地方交流重賞**。2022年産世代から2・3歳ダート路線が整備され、これまで以上にNARの注目度も高くなった。ただ、地方交流重賞で重要なのは**適性よりも少頭数**という点だと個人的には考える。勝負に参加できる実質頭数はさらに少ないため、**揉まれ弱い馬や機動力に劣る馬が地方交流重賞で一変**するケースは少なくない。反対に、地方交流重賞好走馬をJRAで買う際は慎重になる必要があるだろう。

テーマ37

# 海外GⅠをどう見るか

## 本島修司 どこをどのように見るか

**海外遠征で通用するかは、その国の芝が日本馬に合うかどうか**

海外馬券が買える時代になった。いい時代だ。日本馬の挑戦も当たり前のようになってきた。２０２３年には悲願のドバイワールドＣ制覇もあった。ヴィクトワールピサの時はタペタ。今回は砂のダートだ。ウシュバテソーロは圧巻の強さだった。

ただ、ダート馬も強くなっているとはいえ、ダートGⅠに関しては、まだまだ他の馬たちは海外では苦戦すると思う。それでも凄い時代になった。純然たる地方馬、大井のマンダリンヒーローがアメリカに渡ってサンタアニタダービーで2着。ケンタッキーダービーにも出走。そんな出来事も現実になっているのだから。

芝は相変わらずだ。**海外遠征で通用するかどうかは、要するにその国の芝が日本馬に合うかどうか**がポイント。これが好走のカギ。見立ての基盤となる。**香港＝合う。ドバイ＝合う。イギリス＝合わない。フランス＝合わない。**ザックリいうとこうなる。

馬券は、もし日本馬を買うならドバイの芝と香港（相手が強すぎる1200mは除く）だけを買うのがベスト。

というよりも、**ヨーロッパ全般が合わない**。ロンシャンでもアスコットでも、合わない。合っていて勝てた馬はかなり凄いことで、近年だと、エイシンヒカリのイギリスGⅠ制覇が印象的だった。過去ではシーキングザパール、アグネスワールドとタイキシャトルか。欧州だとマイル以下の路線の方が通用しやすいかもしれない。テレグノシスとローエングリンのコンビもジャックルマロワ賞で頑張っていた。厳しいと思ったが、意外とそうでもなかった。この2頭はイメージ以上に強かったのかもしれない。２０２２年には、グレナディアガーズがイギリスの短距離GⅠで苦戦。やはり甘いものではない。

そのぶん、香港とドバイで日本馬が勝つのは「当たり前の光景」になってきている。

問題の凱旋門賞だが、「適性抜群のGⅡ～GⅢクラスの馬を連れていけ」は間違いだと感じる。２０２３年はスルーセブンシーズが大健闘の4着だったが、適性重視だと上手くいってもあのくらいだと思う。競技自体が違う。陸上でいうと、日本の芝が４００m走なら、凱旋門賞は競歩といったイメージになる。「だから日本でも競歩の選手を連れていった方がいい」となるわけだが、日本には「世界一の競歩の選手」はいない。だから、「ズバ抜けた４００m走の選手に、競歩も頑張ってもらう」しかない。現にそれが「一番勝ちに近いところ」までいけている。エルコンドルパサー、ディープインパクト、オルフェーヴル。そしてひと夏だけ最強だったナカヤマフェスタ。凱旋門賞は「適性が違う」を超えた「別な競技」。だから「適性がある」で挑むのではなく「能力の違い」で挑むしかない。という、この話は、10年以上前から書いている。

## 坂上明大
## どこをどのように見るか

### 各国の強いカテゴリーと血統を見たい　日本馬の「オッズの歪み」には要注意

海外競馬を予想する際は、最初にそのカテゴリーにおける**国別の勢力図を整理**する必要がある。日本競馬は芝1600～2500mが中心だと何度も書いてきたが、当然中心となるカテゴリーは国によってさまざま。北米はダート、オーストラリア・香港は芝短距離が中心で、芝のマイル以上がメインカテゴリーであるヨーロッパも日本とは大きく異なる環境でレースが行われている。日本の短距離馬が香港に挑戦しても香港馬の壁は高いが、中長距離戦では日本馬が優勢。欧州挑戦を何度も打ち砕かれている一方で、欧州馬のJRA平地GI制覇は2011年エリザベス女王杯のスノーフェアリーが最後だ。いくら国内で強くても、いくら血統が向いていても、**そのカテゴリーにおける国際的なレベルが低ければ好走は難しい**だろう。

次に見るのが**血統**だ。当然リーディングサイアーを中心に**各国で活躍する血統は異なる**わけだが、それらは各国のメインカテゴリーに強い血統であり、リーディング上位種牡馬＝その国で求められる適性、と解釈することができるだろう。過去の好走馬の血統を見れば、そのレースで求められる適性の大枠が掴めてくる。

過去の実績やレース内容も当然重要だ。ただ、日本競馬ほど番組体系を理解しているわけではないだろうし、助走距離などの問題で日本式の時計と横並びで比較することもできない。日本のレースと比べれば結果分析の精度は相当低く、表面的な成績がオッズに反映されるならむしろ薄目で見るくらいがベターだ。

日本馬を**ＪＲＡのオッズで買う場合は単勝や複勝は避けた方がいい**。応援馬券が多く含まれるため、連系の券種と比べるとオッズは低くなる傾向にある。２０２３年凱旋門賞のスルーセブンシーズも単勝や複勝は混戦での４～５番人気だったが、連系では上位５頭から離された６番人気。**オッズの歪みには要注意**だ。

# おわりに

書籍というのは、書いた内容はもちろん大事だが「書かせてもらえる場に立つこと」「立たせてもらえること」が大切だといつも痛感する。

それができなければ、成り立たないからだ。

そういう意味で、坂上さんにこの舞台に立ってもらえたこと。

そして僕自身が「ここに立つ」をまた繰り返せていることに感謝したいと思う。

僕より優秀に馬券を買う人はたくさんいるだろう。坂上さんより優秀な人もいるかもしれない。ただ、今日、今、この舞台に辿り着いて立てたのは二人だけ。

本一冊を仕上げるということ。

それは、「書く」より「立つ」を繰り返しているということだ。

二人の著者による、かけ合い。お読みいただき、ありがとうございました。

情報メタボ。

そんな言葉があるこんな時代に『取捨選択の技術』という本を上梓。
ビジネス書チックなタイトルの競馬本だと思う。
だが、凄く時代に合うと感じている。

取捨選択。
競馬ファンはいつも知らず知らずのうちに、普段は見ないファクターを見ている。
大レースになれば、その傾向はさらに増加していく。
GⅠの週の木曜日。ネットや新聞で、追い切りの見出しを見ている。
追い切りをいつも見ているのだろうか。穴が開くほど見ているだろうか。
していない。
なのになぜ今回は見るのだろうか。
そもそも、追い切りの見方をマスターしているだろうか。
もしくは、追い切りから正解を導き出す自分だけのメソッドを確立しているだろうか。
もししていないなら、追い切りを見ることは「逆効果」か「時間の無駄」になる。

パドックや馬体重も同じこと。

秋華賞の週中にリバティアイランドが、現在プラス20キロくらいと見ると慌てている。

普段から馬体重を見るのだろうか。なぜ今だけ見るのか。今回だけ見るのか。

それなら、「いつも自分が見るファクターの見方をもっと突き詰める」方が、間違いなく精度が上がる。


日頃からよく、「単純データは見ない」という話をしている。

単純データには、「必然的にそうなったこと」と「偶然そうなったこと」が混ざる。

競馬は必然的にそうなったこと、つまり理由があってそうなったことだけをピックアップして見る癖をつければ分析の精度が上がる。

それを実感している。

そういえば、僕はこの道《じんせい》の途中で「全ての好走は必然と偶然に分かれる」なんていうことを、偉そうに述べた気がする。

僕や坂上さんの見解の精度が、日本の競馬分析界の中でどのくらいのレベルにあるのか、それはわからない。

坂上さんの公式YouTube『競馬オタク』や、僕のオンライン書斎『PENS』ではリアルタイムに近い見解も見られる。よければ、一度覗いてみてほしい。

溢れる「情報のようなものたち」。スクロールが今という時を潰していく。

時間は大切なものだ。

僕は、ただ老いていくのを待っているような生き方はしたくはない。

※

競馬には「ギャンブル依存症を引き起こす」という負の側面がある。

それだけではない。競馬は、「引きこもり中高年」を作り出しかねないコンテンツだ。

個々の意識の高さが問われる。競馬ファンには、常に社会性が問われる。

競馬引きこもり病というものは、悪化する。

それはギャンブル依存症と同等に、非常にタチが悪いものだ。

昔、大黒摩季さんが歌った『ら・ら・ら』という平成の大ヒット曲の「何かやらなきゃ誰にも会えない」というフレーズの意味は、多くの子供にはわからなく、大人になるとわかる。

今、依存症や、競馬引きこもり中年や高齢者が増加している。

そうなると、売り上げ増の一方で、競馬が暗いコンテンツになっていく。ファンの質が落ちていく。そんなことをもう10年も書いている。

今日も多くの競馬ファンは変わらない。

あと10年書いたら変わるだろうか。

つけた火を消して、またつけるように。気がついたらまた本を書いている。

私は私の正しさを証明する。

ただ、人生《それだけ》の、ロマンチックな途中の場面。

2023年10月　本島修司

［著者プロフィール］

**本島修司**

北海道生まれ。作家、コラムニスト。

大学在学中に書いていた原稿が注目を浴びてデビュー。

喫茶店が舞台のエッセイや、卓球コラム、競馬論などを中心に執筆。

競馬論では『馬単位』の発案者として多くの支持を受け、20年以上に渡り日本の競馬書籍界を牽引。卓球のWEBコラムでは200万PV超えの記録も持つ。

主な著書に『芝と砂の教え』×nige氏、『知性で競馬を読み解く方法』×TARO氏（主婦の友社）、『自分だけの「ポジション」の築き方』（WAVE出版）、『馬券ビルドアップ』『日本競馬頂上分析』×小林弘明氏（秀和システム）、『Cafe'ドアーズと秘密のノート』（総和社）他、多数。WEBでの執筆媒体は、REALSPORTS、幻冬舎plus等。

-週末の総見解！-
**■netkeiba『ウマい馬券』**
https://yoso.sp.netkeiba.com/yosoka/jra/profile.html?id=459
**■公式note『write a creation』**
https://note.mu/motojimaoffice
-パーフェクト回顧！-
**■公式CAMP FIRE『オンライン書斎 ＰＥＮＳ』**
https://camp-fire.jp/profile/shujimotojima/projects
**■公式ホームページ**
http://motojimashuji.com/

**坂上明大**

岐阜県生まれ。競馬評論家・クリエイター。元競馬専門紙トラックマン（栗東）。

2019年より競馬情報誌サラブレにて「種牡馬のトリセツ」「新馬戦勝ち馬全頭Check!」などの連載をスタートさせ、生駒永観氏と共同執筆で『血統のトリセツ』（KADOKAWA）を上梓。現在はYouTubeチャンネル『競馬オタク』を中心に活動し、パドック解説や番組出演、配合診断、映像制作、WEBメディアでの連載もこなす。

競馬道OnLine NEO新書　005

# 競馬《けいば》の最高戦略書《さいこうせんりゃくしょ》
# 予想生産性《よそうせいさんせい》を上《あ》げる人《ひと》の取捨選択《しゅしゃせんたく》の技術《ぎじゅつ》

2023年 12月31日　第1刷発行

●著者　本島修司《もとじましゅうじ》
坂上明大《さかがみあきひろ》

●編集　競馬道OnLine 編集部
●本書に関する問合せ　keibasupport@o-amuzio.co.jp
●デザイン　androworks
●発行者　福島 智
●発行元　株式会社オーイズミ・アミュージオ
〒110-0015 東京都台東区東上野1-8-6 妙高酒造ビル5階
●発売元　株式会社主婦の友社
〒141-0021 東京都品川区上大崎3-1-1目黒セントラルスクエア
電話:049-259-1236
●印刷·製本　株式会社 Sun Fuerza

※乱丁·落丁はお取り替えします。
※定価はカバーに表示してあります。

ISBN 978-4-07-345905-7